広岡達朗

# 勝てる監督は何が違うのか



宝島社

# 目次

## 第3章　勝てる監督は何が違うのか？

## 第4章 名監督とは何か？ 名将とは何か？

# 序章

# 正しいことをやれば、必ず優勝できる

いきなり結論めいたことを言わせてもらえば、プロ野球の世界において結果を残すためには「正しいことを、正しい方法でやればいい」ということになる。

現役選手ならば、「いい成績を残したい」と思い、チームで言えば、「リーグ制覇し、そして日本一になりたい」と願うならば、方法は簡単だ。「正しいことを、正しい方法でやればいい」、たったそれだけのことなのだ。

もちろん、「では、正しいこととは何なのか？」という疑問が芽生えることだろう。その点は、本文でおいおい述べていきたいと思う。

実名を挙げる非礼を先に詫びさせてもらうが、かつて西鉄ライオンズに黄金時代をもたらした三原脩さんは「魔術師」の異名を持ち、その用兵、采配は「三原マジック」と称された。あるいは、近鉄バファローズやオリックス・ブルーウェーブ（オリックス・バファローズ）を率いた仰木彬は、日替わり打線などが話題となり「仰木マジック」と呼ばれていた。

私と確執があったと噂された千葉ロッテマリーンズのボビー・バレンタインもまた「ボビーマジック」とマスコミ上をにぎわせたこともあった。

しかし、私に言わせれば野球にマジックなどない。

野球はそんなに甘いものではない。

現役選手である間は、あくまでも愚直に、徹底的な反復練習を行い、頭で考えるのではなく、身体が無意識に反応するまで習慣づけることで技術を身に着けるしかないのだ。頭で考え、前頭葉を経由して反応しているうちは、まだまだ一人前とは言えないのである。

これはチーム作りにも同様のことが言える。

大金を積んで他球団の主力選手を獲得したり、メジャーリーガーを連れてきたりしても、決してチームは強くならない。１９９０年代の長嶋茂雄監督時代の読売ジャイアンツを見れば一目瞭然であるように、実力のある選手を寄せ集めただけでは、決して長期的に勝つことのできるチームは誕生しない。

本当に強い組織を作り、チームに黄金時代をもたらしたいと考えるのであれば、長期的なグランドデザイン（全体構想）を持つ編成と、効果的なドラフト戦略、そして有望な選手を地道に育成させるシステムを作り、その上で、なおも足りないところをトレードや外国人選手の獲得で補うしかないのだ。

ここまで、私の言っていることは、何ひとつ目新しいことはない。効果的に即効性のある特効薬や万能薬を期待している方々には申し訳ないけれど、そんなものはあるはずがない。「何を虫のいいことを言っているのだ」と、私は言いたい。

今の世の中では「ファスト動画」とか、「コスパ」ならぬ、「タイパ」という言葉や考え方が、若い人たちを中心に浸透しているという。映画を早送りで見たり、無駄な時間を少しでも減らしたりしたいという意味だそうだ。

昨今の流行にはまったく疎いけれど、要は「手っ取り早く、ラクにいい思いをしたい」ということだろう。やはり、独善的な身勝手な考えだと言わざるを得ない。

こうした風潮は、もちろん野球界にも及んでいる。

個々の選手にしても、各球団にしても、「早く結果を出したい」という思いが強すぎるように、私には感じられる。

もちろん、非効率な練習などする必要はない。科学を否定するものでもない。「非効率」よりは「効率的」がいいし、「非科学的」よりは「科学的」な方がいいのだろう。

だからといって、ちょっと努力しただけで自分の望む結果が得られると考えるのは大間違いだ。いくら、「古くさい」とか「前時代的だ」と言われようとも、普遍の真理というものは必ずあるのだ。

個人的な話で恐縮だが、2024（令和6）年、私は92歳となった。

さすがに足腰の衰えは隠しようもなく、以前のようにキャンプ地巡りをしたり、スタジアムに足しげく通ったりすることはできなくなり、もっぱらテレビやスポーツ新聞で情報を得る日々を過ごしている。

それでも、今もなお野球に関する好奇心は涸れていない。

いや、むしろ知れば知るほど野球の奥深さに魅了されている。やはり、人生はいくつになっても日々勉強なのだと痛感する次第である。だからこそ、私は「今、90歳を過ぎた広岡達朗が考えていること」を積極的に発信したいと考えている。

世間から、「老害」と言われていることは承知している（苦笑）。

けれど、言わねばならないことがある以上、私は口をつぐむことはしない。私自身が人生を懸けて野球と向き合い、その過程において体得したこと、そして学んだこと。あるいは、知識や努力が至らずに失敗してしまったこと……。

こうしたことを包み隠さず発信したいと思い、こうしてペンを執ることを決めた。私の独断であることは重々、承知している。しかし、真剣に取り組んできたこの知見は、多少なりとも現在のプロ野球界にも生かすことができるのではないだろうか？

本書では、

**・強いチームを作るにはどうすればいいのか？**
**・「名将」とは、どんな監督なのか？**
**・現在の監督と、かつての監督とは何が違うのか？**

こうしたことをメインテーマに書き進めていきたい。話が脱線することもあるだろう。しかし、それもまた私の考える「監督論」の一端であるはずだ。92歳となった今でも、いや、今だからこそ語りたいことはたくさんある。

まずは「原辰徳」という男について論じてみたい。巨人軍史上最長となる3期17年、リーグ優勝9回、日本一3回に輝いた。17年間でAクラス14回、Bクラスは3回という成績を残した。この成績をどのように評価すればいいのだろうか？

詳しくは本文中で触れるが、結論から述べれば私はまったく評価していない。

## はたして、原は名将なのか？ 原が巨人軍にもたらした功罪とは何か？

まずはそこから、論を始めるとしよう。

しばしの間、私の話におつき合いいただければ幸いである。

# 第1章

# 巨人史上最多勝利・原辰徳監督の功罪

## 「巨人の伝統」に勝たせてもらった原辰徳監督

監督通算・2407試合1291勝1025敗91分、勝率・557――。

これが、2023(令和5)年シーズン限りで勇退した、3期17年間における原辰徳監督の全成績である。

リーグ優勝は9回、日本一には3度輝いている。監督を務めた年数と試合数は、2期15年間で1982試合の長嶋茂雄監督を上回り、ともにチーム最多である。勝利数も1066勝の川上哲治監督を抜いて、巨人の最多勝監督となった。

ちなみに、ジャイアンツの歴代監督の通算勝利数ベスト5は次のようになる。

2位・川上哲治(14年間)1066勝739敗61分(勝率・591)
3位・長嶋茂雄(15年間)1034勝889敗59分(勝率・538)

4位・水原　茂（11年間）881勝499敗29分（勝率・638）
5位・藤田元司（7年間）516勝361敗33分（勝率・588）

実に壮観な顔ぶれである。

こうした記録を見れば、原はすでにジャイアンツ史上に残る監督であることは間違いない。しかし、この結果をもって「原は名将だ」と言えるだろうか？

残念ながら、私の答えは「ノー」だ。厳しい言い方に聞こえるかもしれないが、9回もリーグ優勝しながら、実に6回も日本一を逃している。

2019（平成31・令和元）年、そして翌2020年とリーグ制覇を果たしながら、日本選手権（日本シリーズ）では2年連続で福岡ソフトバンクホークスに4連敗で敗れている。2年間で8試合を行って、同じ相手に0勝8敗。まったくの無策であり、セ・リーグを代表するチームとして恥ずかしい結果である。

かつてのジャイアンツは「リーグ優勝して当たり前」という考えだった。日本シリーズで勝って初めて、正力松太郎オーナーから「よくやった」と褒めたたえられたものだった。

ジャイアンツとはそういうチームなのだ。「セ・リーグを制したからおめでとう」とか、「日本シリーズに出られただけでもよかった」とか、「負けたけど善戦した」とか、そんな甘い考えなど、誰も持っていなかった。

私が信じられないのは、「2年連続4連敗」という屈辱的な結果を喫したにもかかわらず、その後3年間も、原が監督を務めたことだ。さらに言えば、日本シリーズで大敗した屈辱を胸に抱いたまま、指揮を執り続けたことである。

2019年の日本シリーズ後、「はたして原は、この屈辱から何を学ぶのか?」と、翌シーズンの采配に注目していた。しかし、何も変化は見られなかった。

同様に2020年も同じ相手に完敗を喫し、なすすべもなく敗れ去ったことで、「今度こそ、今の自分には何が足りないのか気がついたことだろう」と注目していたが、それでもやはり何も変わらなかった。

2021、2022年は東京ヤクルトスワローズ、そして2023年は岡田彰布率

阿部慎之助新監督（右）に後事を託し、2023年限りで退任した原辰徳監督

いる阪神タイガースがセ・リーグを制したが、私に言わせれば「ジャイアンツがふがいなかったから」、スワローズやタイガースが優勝できたに過ぎない。

自分に足りないもの、そしてチームに欠けているものを見つめ直し、その上でそこを補うべく、選手たちを鍛え上げていくこと。これが本当の「指導」というものであり、指導者の役割である。

しかし、原はそれを怠った。深く敗因を探ることなく、目先の戦力補強で、欠点をカバーしようとしたのだ。それは明らかに付け焼き刃であり、対症療法でしかない。そんなものは「指導」とは呼べない。

原がこれだけの成績を残すことができたのは、あくまでも「巨人軍」という伝統がもたらしてくれたものに過ぎない。先輩たちが築き上げてくれた財産の下、ジャイアンツは勝利することができたのだ。「名将」と呼ぶことができないのは、当然のことだろう。

## 「わずか2年で解任」の屈辱が原を変えた

2002年に初めて監督に就任した原は、翌年にチームを去ることになった。満を持して就任したにもかかわらず、わずか2年という短命政権となった。

辞任直前、退任のウワサが駆けめぐっていた頃、私は原に「一体、どうなっているんだ?」と電話をかけた。

「広岡さん、ご心配をおかけしてすみません。その時期が来たら、きちんと説明しますから……」

口を濁すばかりで、ハッキリとした理由を語ろうとしない。本社との板挟みで苦しんでいるのだろう。だから私は言った。

「とにかく短気を起こして辞めるような馬鹿な真似はするなよ……」

しかし、その直後に原は解任され、堀内恒夫が新監督となることが決まった。このとき、記者会見の場で当時の渡邉恒雄オーナーは言った。

「今回の監督交代劇は、読売グループの人事異動の一環だと考えてもらっていい」

一体、何を言っているのだ？

この言葉を聞いた私は血が逆流するぐらい憤慨しているのが自分でもわかった。日本で12人しかいない選ばれた人物だけが、プロ野球の監督になれるのだ。それを、新聞社の単なる人事異動と一緒にされてもらってはかなわない。

プロ野球選手は、自分の技術で勝負する超一流のプロフェッショナルの集団であり、それぞれがそれぞれのプライドを持って生きている。こうした選手たちを統率し、1つの方向に向かせてリーグ制覇、日本一を目指すために奮闘するのが監督の役割だ。人事異動で、次から次へと簡単に決められるような生半可なポストではない。

この時点では、私も原に同情を禁じ得なかった。

悔しかっただろう。ぜひ、その悔しさを糧にして、別のチームでジャイアンツを見返してほしい。私はそう願っていた。

しかし、事態は予期せぬ展開を見せることになる。

驚くべきことに彼は「球団特別顧問」としてジャイアンツに残ることを選択したのだ。このとき、コーチを務めていた斎藤雅樹、吉村禎章、篠塚和典、村田真一らが一斉に辞表を提出した。いずれも、原とともに殉死する覚悟だったのである。

けれども、当の本人は、あっさりとジャイアンツに残る道を選んだ。私に言わせれば、引き際を誤ったとしか言いようがない。

その結果、わずか3年後に再び原は監督復帰を果たした。世渡りや処世術として考えれば、原の選択は正しかったのかもしれない。

それでも、釈然としないものが私には残った。

一方の原にとっては、第1期の経験を糧にして、2期目に臨むことになった。その結果、10年にわたる長期政権を築くことになる。やはり、一般的に考えれば原の方が、私よりもずっと大人なのだろう。しかし、ここから原は変わった。私の見立てとしては、このときこそが、原「監督」としての分岐点だったように思えるのだ。

## 17年という長期政権のマンネリズム

【第1期】……2年・2002〜2003年（44〜45歳）
↓セ・リーグ優勝1回、日本一1回

【第2期】……10年・2006〜2015年（48〜57歳）
↓セ・リーグ優勝6回、日本一2回

【第3期】……5年・2019〜2023年（61〜65歳）
↓セ・リーグ優勝2回、日本一0回

これが、原が「監督」として過ごした17年間の内訳である。

こうして見ると、40代、50代、そして60代のすべてで指揮を執り、チームのために戦い、ジャイアンツの歴史を築いていたことになる。

何も「若いから未熟だ」と言うつもりはない。同様に「年寄りにはハードな監督業は無理だ」と突き放すつもりもない。

人生とは生涯勉強であり、勉強を続けている限りはいくつになっても成長できる。だからこそ、常に謙虚に、そして真摯に「自分には何が足りないのか?」と自己と向き合い、自省することが重要となるのだ。

ところが、明らかに原政権はマンネリズムに陥っていたと断じざるを得ない。本当にたゆまぬ努力、研鑽《けんさん》の日々を積んだのかといえば疑問が残る。

特に「第3期」は、惰性で采配を振るっているようにしか見えなかった。

黙っていても、球団は他球団の有力選手を獲得してくれる。(結果的に活躍することはなかったけれど)外国人選手を次々と補強してくれる。コーチ人事に関しても、歴代OBたちが次々と手ぐすね引いて待ち構えており、なり手はいくらでもいる。

こうした点を踏まえて、私は「原監督はジャイアンツの伝統に勝たせてもらっていた」と述べたのである。

2015年シーズンをもって第2期政権が終了したとき、私は本人に直接告げたし、マスコミを通じても、こんなことを述べた。

「まだまだ若いのだから、次はジャイアンツ以外のチーム、それも弱いチームの監督として、さらに経験を積むべきだ。そうすれば、原は本当の名将になれる」、と。

自分の話で恐縮だが、私は球団創設以来1度も優勝経験のなかったヤクルトスワローズ、そして球団買収直後で混乱期にあった西武ライオンズの監督を務めた。実現寸前までいきながら、契約面で折り合いがつかずに流れてしまったけれど、スワローズ退任後には暗黒時代が続いていたタイガース監督就任の話もあった。近鉄バファローズからも監督のオファーをもらったことがあった。

結果的に弱いチームの監督ばかり経験することになったが、改めて振り返ってみても本当に勉強になったし、自分自身のためにもなった。

自分が「当たり前」と思っていることが通じない。能力はあるのに自分で自分の限界を決めつけてしまっている選手も多かった。こうした選手たちに対してどうやって意識改革を促し、新たな能力を見出すことができるのか？

個人だけではない。チーム自体もそうだ。

長年にわたる、いわゆる「負けグセ」が染みついているため、一から意識改革をする必要に迫られることになった。こうした経験があったからこそ、私は『意識改革のすすめ』（講談社）という本を出版することになったのだ。

原は一体、選手たちに何を教えたのだろう？　新たな指導者を育てたのだろう？

ジャイアンツに何を遺したのだろう？

残念ながら何も見えてこない。

## 原辰徳に伝え続けた「小言」

長嶋茂雄が監督だった頃、彼から電話をもらったことがある。

会話の主題は「次期監督候補」についてだ。このとき名前が挙がったのが、原辰徳と江川卓だった。

このとき私は、何も迷うことなく、原を推薦した。

江川は投手としては非凡なものを持っていたけれど、指導者としての経験は皆無だ。もちろん、誰だって何事も初心者である。「指導経験がないから」という理由だけで、江川を否定したわけではない。テレビでの評論を聞いていても、「おっ」と感じさせるものが何もなかったからだ。高額のギャランティをもらえるテレビの世界で生きることを選んだ江川は、私からすれば「プロ野球OB」ではなく、もはやテレビの住人の「タレント」だった。

そうしたことを考慮に入れて、迷うことなく原を推薦したのだ。いや、そもそも江川自身にも監督就任依頼を受諾するつもりは微塵もなかったはずだ。

原は現役晩年、故障のために思うような成績が残せずに悔しい思いをした。チャンスの場面で、「代打、長嶋一茂」を告げられたこともある。それは、監督から信頼されていないことが、公衆の面前で白日の下にさらされたことと同じだ。悔しくて仕方がなかったに違いない。

古い話になるが、現役時代に私がバッターボックスに入っていたとき、三塁走者の長嶋がホームスチールを試みてアウトになったことがあった。

「バカにするな、オレの打撃がそんなに信用できないのか！」

はらわたが煮えくり返るような思いだった。しかも、1度ではない、2度もだ。

これをきっかけとして、私と長嶋の不仲説が流布するきっかけにもなった。しかし、ここで改めて強調しておく。彼が私のことをどう思っているのかはわからないが、少なくとも私自身は「不仲説など事実無根である」とハッキリと言っておきたい。

むしろ、「川上監督に対する不信感がさらに募った」というのが率直な思いである。川上さんに対するさまざまな思いは、改めて第4章で詳述したい。

話が逸れた。話題を原に戻そう。

彼は、現役引退後にはNHKの解説者として見聞を広め、1999年に球界に復帰してからは長嶋の下でヘッドコーチを務めた。選手としても、評論家としても、指導者としても、順調に勉強していた。

だからこそ、「次期監督は原にすべきだ」と自信を持って断言することができた。

監督就任後も、原とはグラウンドだけではなく、しばしば電話でもやりとりをした。

そのたびに私は言った。

「お前、巨人で勝って名監督とか言われているけれど、本当の名監督と言えるのは、弱いチームを強くして、それで選手権（日本シリーズ）に勝ったときだぞ。それを実現して初めて名監督と言ってもいいけれど、巨人で勝ったぐらいで満足するなよ」

そのたびに原は神妙に聞いていた。さらに私はこんなことも言った。

「弱いチームに行くと、本当に勉強になるぞ。ジャイアンツでやるべきことをやったら、さらに勉強して、次は弱いチームに行け。そうしたら、本当の名監督になれるぞ」

そして、ダメ押しとしてこんなことも告げた。

「巨人で勝ち続けることも大変なことだけれど、それだけでは名監督ではない。今のお前があるのは巨人のおかげであり、巨人があってお前があるんだ」

せっかく勝っているのに、ＯＢから耳の痛いことを言われるのは、彼にとっても気持ちのいいものではないだろう。けれども、原はいつも神妙に話を聞いていた。

「広岡さん、いつもありがとうございます。勉強になりました」

彼はいつもそう言っていたが、それは本心からの言葉だったのだろうか？

気がつけば、いつの頃からか電話でのやり取りをすることもなくなっていた。私としては「アドバイス」のつもりだったけれど、原にとっては単なる「小言」だったのだろうか？　小うるさい先輩からの小言に嫌気がさして、私は避けられているのだろうか？

実際のところはわからないが、別にそれでも構わない。ただただ、私としては「もったいない」と思うしかない。

今では数少ない先輩ＯＢとして、たまには電話の１つでもかけてきてほしい。私の胸の内には、そんな思いもある。

## 弱いチームを率いることのメリットとは？

なぜ、弱いチームに行けば監督としてのレベルを上げることができるのか？

そもそも、「結果が出ない」「勝つことができない」ということは、必ず何か原因がある。監督はまず、その原因を探ることから始めなければならない。

医者は必ず患者を診察する。パッと見ただけですぐに症状を改善できるはずがない。丁寧に問診をし、きちんと病因を見極めた上で適切な処置を施すものだ。

もちろん、プロ野球の監督もまた同様である。

仮に明らかな戦力不足が原因ならば、球団オーナーに直訴して戦力補強を図る必要がある。スワローズ時代には松園尚巳オーナー、ライオンズ時代には堤義明オーナーと「どうすればチームは強くなるのか？」ということを徹底的に議論した。それはとても有意義な時間だった。

松園オーナーは私に言った。

「私は、トレードは嫌いだ。縁あってヤクルトに入団した選手であるし、その縁は大切にしたい。だから、彼らをきちんと育て上げてほしい」

監督としては、トレードで効果的な補強を望みたいという思いはあった。守備力を重視していた私は、守備に難のある大杉勝男の移籍を画策したこともあったが、やはり松園オーナーの意向により、実現寸前で断念した。しかし、オーナーの考えもまた1つの見識だ。私は、その意向を理解した上で、自前で選手育成に取り組む覚悟を決めた。

その一例が、水谷新太郎であり、角富士夫、あるいは尾花高夫（現・高夫）である。あるいは、球団を買収してからまだ数年しか経過していなかった堤オーナーからは「新しい球団らしく、新しい風を吹かせてほしい」、「西武本社の清新なイメージも大切にしてほしい」と告げられた。

だからこそ、私は名門・西鉄ライオンズの系譜を受け継ぎつつも、どうすれば「新生ライオンズ」を築くことができるのか、常に腐心し続けた。

その結果、工藤公康、秋山幸二、伊東勤、辻発彦、石毛宏典ら、後に監督を務める若き人材の育成に注力したのだ。

「弱い」ということは、必ずどこかにその原因がある。そこを見極めることが監督として、どんなに役に立ったことか。信頼できるコーチを適材適所に配して、監督としてコーチを育てることも意識した。

はたして、原にその意識があったのだろうか？

監督がコーチを育て、コーチが選手を育てる。自然発生的に競争意識や切磋琢磨が起これば、自然と組織は活性化する。

近年のジャイアンツに欠けていたのがこのムードだった。

伝統が生み出したチームカラーというものは確かに存在する。2024年、球団創設90周年を迎えた巨人軍には、「球界の盟主」としての誇りと伝統がある。それは、諸先輩方が築き上げてきた貴重な財産である。

一方、短期的な視点でのチームカラーは、それはすなわち監督の個性や野球観によって生み出されるもので、監督次第でいくらでも変わり得るものなのだ。

「原野球」とは何か？　原が志向していたのはどんな野球だったのか？　そもそも原は、繰り返しになるが、残念ながら具体的なものは何も見えなかった。そもそも、そんなことを考える必要もなかったのではないだろうか？

しかし、弱いチームの監督ともなれば、漫然と指揮を執ることなど許されないし、そもそも不可能である。なぜなら、自身の野球観を鮮明に表明し、チームを1つの方向に導かねばならないからだ。

だからこそ、原には指導者としてひと皮もふた皮もむけるためにも「弱いチームの監督を経験しろ」と言い続けたのだが、本人には何も響かなかったようだ。

ジャイアンツが球界の盟主であることは間違いない。けれども、他球団には他球団なりの歴史と伝統がある。原のように「巨人軍ひと筋」という生き方もいいだろう。

一方では、また違った世界に触れてみるのもいい経験となり、自分の血肉となる。

ジャイアンツの歴史を振り返ってみても、水原茂さんに追われる形でチームを飛び出した三原脩さんは西鉄ライオンズで揉まれた末に、日本シリーズでは古巣・ジャイアンツを相手に3連覇を達成して黄金時代を築いた。

その水原さんも、ジャイアンツで優勝8回、日本一4回を飾った後に東映フライヤーズの監督となり、チーム初となる日本一に導いた。

三原さん、水原さん同様、私もまたスワローズとライオンズで、一からチームを作り上げる経験は何物にも代えがたい貴重な財産となった。

もしも原が、「自分を鍛え直すために、ジャイアンツ以外のチームで勉強します」と口にすることがあれば、私は彼を見直すことだろう。

しかし、その日はこれまでも、そしてこれからも訪れることはないだろう。返す返すも、その点が悔やまれてならない。

## 「ぜひ、巨人軍監督に」のオファーを断った理由

古い話をしたい。

1988年オフをもって、当時監督だった王貞治がジャイアンツのユニフォームを脱いだ。このとき、私のもとに後任のオファーが届いた。結果的に藤田元司が次期監

督となったが、私は何の迷いもなく断った。

どうしてか？

理由は簡単だ。「巨人ならいつでも勝てる」と考えたからだ。前項でも述べたように、「球界のお荷物」と呼ばれるようなチームで、一つ一つ問題を解決し、選手を育て上げ、そこで日本一となって初めて「名監督」と呼ばれるのだと考えていたし、その思いは現在に至るまでずっと変わっていない。

私自身、巨人軍で育ち、巨人軍で一人前にしてもらった。川上哲治監督時代にトレード候補となったときも、私は正力亨オーナー、そして松太郎初代オーナーに言った。

「私は巨人が好きで入団して、巨人から出る意思はありません。もしもトレードに出すというのなら、私はこのまま『巨人の広岡』として辞めます」

私は「巨人軍の広岡」として死ぬつもりだったのだ。

それぐらいジャイアンツに対する思い入れは強い。だからこそ、巨人にはいつまでも球界の盟主であってほしいし、他球団の範となってほしいという思いがある。

そうした思いが、ついつい原への苦言となってしまうのだ。

原もまた、自ら公言しているように、彼なりの「ジャイアンツ愛」を持っていることだろう。だから「他球団のユニフォームは着たくない」と考えているのかもしれない。国民的英雄となった長嶋茂雄も同様の思いを抱いているのだろう。

一方で王貞治は、現役時代はジャイアンツひと筋で過ごしたものの、現役引退後はジャイアンツだけでなく、福岡ダイエーホークス、その後の福岡ソフトバンクホークスで指揮を執った。さらにＷＢＣ（ワールド・ベースボール・クラシック）の監督も務めた。

まだまだ欠点だらけだったホークスを優勝に導いた王の大変さ、そして充実感、達成感は、私にはよく理解できる。

しかし、原にも、長嶋にも、私や王の気持ちは決して理解できないことだろう。野球人として、それはもったいないことだと思う。

後に渡邉恒雄さんから、「あのとき、あなたが監督をやっていたらジャイアンツの歴史も変わっていたでしょうね」と書かれた手紙をいただいた。

人は誰でも1度は「もしも、あのとき……」と、歴史のifを考えることがあるだろう。

「もしも広岡がジャイアンツの指揮官となっていたら、どうなっていたのだろう？」

ナベツネ氏だけでなく、そんな想像をした野球ファンもいるかもしれない。しかし、当の本人はただの1度も、そのような思いを抱いたことがない。

強いチームで優勝しても、何も面白くない――。

その思いは、昔も、そして今も、まったく変わっていないからである。

## 「イエスマン」ばかりを集めた「お友だち内閣」の弊害

監督とは孤独な存在である。チームの勝敗の責任を1人で背負い、さまざまな悩みや葛藤を抱えつつも、それをグッと呑み込んで平静を装う必要がある。

だからこそ、「参謀」「腹心」と呼べる存在が重要になってくる。

私が監督を務めたスワローズ、そしてライオンズにおけるそれは森昌彦（現・祇晶）だった。彼がいたからこそ、私はヤクルトでも、西武でも日本一になることができたと思っている。

彼の野球を見る目は確かだったし、勝つための方法を心得ていた。戦況を見つめながら「継投は？」「代打は？」といろいろ頭を巡らせていると、森は私の隣で「次は○○を用意させています」と的確な助言を授けてくれた。そして、その選択は常に正しかった。監督として、これ以上心強い存在はいない。

監督というのは孤独なものだと、すでに述べた。だからこそ監督にとって、参謀からの適切な助言は百人力となるのだ。

率直に言えば、彼は選手からの受けはよくなかった。選手たちからの不満の声が私の耳に届いたこともあった。

それでも私は何も気にしていなかったし、むしろ「いいぞ、いいぞ」と内心ではほくそ笑んでいた。かく言う私自身も、選手たちからの評判はよくなかった（はずだ）。もちろん、私もまたそんなことは何も気にしていなかった。

なぜなら、首脳陣が選手たちに好かれる必要などまったくないからだ。

「いい指導者」というのは、「選手を育てる力を持ち、結果的にチームを強くすることができる者」である。これ以外に何が必要だというのだ。

もちろん、嫌われるよりは好かれた方が気分はいい。友だち感覚で優しく選手たちと接して、その選手が成長したり、チームが勝利したりするのなら、どんどんそうすべきだ。

しかし、現実はそんなに甘いものではない。

いくら時代が変わろうとも、「監督と選手」というのは、まったく立場が異なるのだ。個人事業主である選手は、あくまでも自分の成績向上にこだわる。もちろん、それでいい。一方の監督というのは、個人事業主でありながら、決して「個人」であることは許されず、常に「チーム」「組織」を最優先に物事を考えているものだ。

エゴに走ってバラバラになってしまう選手たちを、どのように1つの方向に向かってまとめあげていくか？　それこそ、監督の腕の見せ所だ。その際に頼りになる参謀がいれば、「チームを日本一に導く」という目的達成において大変心強い。だからこそ、参謀選び、いわゆる組閣には細心の注意を払わなければならないのだ。

翻って、原監督時代はどうだったか？

例えば、記憶に新しいところでは3度目の監督復帰を果たした2019年、私は自分の目を疑った。投手総合コーチに宮本和知、内野守備兼打撃コーチに元木大介が就任したのだ。別に彼らが悪いというわけではない。

問題なのは、彼らがどんな野球観を、そして指導理念を持っているのかがまったく見えない点にあった。それは、2023年シーズン一年限りで退任することになったデーブ大久保についても同様だ。

さらに、指揮官である原が目指している野球を、彼らがどこまで理解しているのか、共有しているのかも不透明だった。

ベテラン指揮官には「次代の指導者を育てる」という重要な使命がある。そうした思いで、原が宮本や元木を指名したのだとしたら、それも1つの見識である。けれども、単に「現役時代からのつき合いがあるから」とか、「プライベートでも気心が知れているから」という理由で抜擢したのであれば言語道断だ。

この点について、ついぞ原からは明確な説明がなかったのは残念だった。結果的に2019年、2020年とセ・リーグ連覇を果たしたから問題がうやむやになってしまったが、本章の冒頭でも述べたように、日本選手権において2年連続でホークスに完敗を喫したことは、このコーチ人事と決して無関係ではないだろう。

政治の世界において「お友だち内閣」がまったく機能しないのと同様、野球においても「お友だち」ばかりを集めた組閣はチームにとって弊害しかない。

## ジャイアンツのコーチは多すぎる

日本選手権で勝てなければ、監督は即座にクビになる――。

それが、水原茂、川上哲治監督の頃から続く巨人軍の伝統だった。しかし、今ではすっかり形骸化し、誰もそんなことを気にも留めなくなっている。「伝統」というのは、後世の人間の都合によって、勝手に捻じ曲げられるべきものではない。

2019年、そして2020年と2年連続で、なす術もなくホークスに敗れ去ってしまった以上、原が監督であり続けるということは、ジャイアンツの伝統から見れば、本来ならあり得なかったことである。

その代わりに、どうなったか？

ジャイアンツは大幅にコーチ陣の顔ぶれをすげ替える方策を採ったのだ。また、配置転換も積極的に行われている。たびたび例に出して恐縮だが、第3次原監督下における元木の肩書を見てほしい。

2019年（1位・77勝64敗2分）……内野守備兼打撃コーチ
2020年（1位・67勝45敗8分）……ヘッドコーチ
2021年（3位・61勝62敗20分）……ヘッドコーチ
2022年（4位・68勝72敗3分）……ヘッド兼オフェンスチーフコーチ
2023年（4位・71勝70敗2分）……作戦兼内野守備コーチ

一体、ジャイアンツは何がしたかったのだろう？　毎年のように肩書が変わり、そのたびにやるべきことも変わる元木にも同情を禁じ得ない。

２０２１年から古巣に復帰した桑田真澄も同様である。

復帰初年度は「投手チーフコーチ補佐」で、２０２２年は「投手チーフコーチ」に、２０２３年は「ファーム総監督」となり、２０２４年は「二軍監督」となっている。

これでは、教える側も教わる側も混乱してしまうだろう。

組織はすぐに硬直化する。だからこそ、適切な組織改革は重要である。けれども、毎年、毎年、猫の目のように組織改編が行われ、肩書や役職が変わってしまえば、ただいたずらに混乱を招くだけだ。

それにしても、ジャイアンツはコーチが多すぎる。そして、肩書が複雑すぎる。図体だけはデカくて身動きが取れなくなってしまっている大企業のように、組織が細分化したことの弊害がジャイアンツにも起きている。

これでは選手は誰の言うことを聞けばいいのかわからなくなる。混乱の中で、原はきちんとリーダーシップを発揮できたのだろうか？

ついつい、私は古いことわざを思い出す。

船頭多くして船山に上る――。
まさに、近年のジャイアンツを言い表している言葉ではないか。

## 桑田真澄について思うこと

前項で桑田真澄について触れたので、改めて彼について私見を述べたい。

桑田は巨人退団以来15年もの間、古巣ジャイアンツに呼ばれることはなかった。この間、早稲田大学大学院スポーツ科学研究科修士課程で学び、硬式野球部を指導しつつ、東京大学大学院総合文化研究科でも学んだという。

私は「人生は死ぬまで勉強だ」と考えている。この点では桑田の生き方、考え方には共感する。しかし、それにもかかわらず、ジャイアンツはおろか他球団からも指導者としてのオファーがなかったということは、何か致命的な問題でもあるのだろうかと、少々穿《うが》った見方をしたくもなるものだ。

それでも、晴れて古巣に復帰することになった。そこに原の意向があったのか、それとも読売グループの考えなのかはわからない。けれども、せっかくジャイアンツのユニフォームに袖を通すことになったのならば、ぜひとも結果を残してもらいたい。私は、そんな思いで桑田のことを見守っていた。

就任当時、桑田は言った。

「投手のスタミナをつけるために投げ込みは重視したい」

この点に関しては、私も同意する。年間ローテーションを守り抜くスタミナは、投げ込むことでしか、身につかないからだ。その一方で、こんなことも言っている。

「時代に合った科学的トレーニングもどんどん採り入れるつもりだ」

科学は常に進化、発展を遂げている。貪欲に知識を吸収し、それを選手たちに還元していくことは重要だ。監督時代、私は思想家の中村天風師、合氣道の達人・藤平光一師、あるいは「新田理論」の提唱者である新田恭一師など、積極的にその道のプロに教えを請い、それを選手指導にも採り入れた。

私は、何かと「管理野球」だとか、「玄米食推進派だ」と言われて揶揄《やゆ》されているが、それももちろん裏付けがあって、自信を持って選手たちに伝えたものだ。

スワローズ時代には選手全員の筋力を計測し、内臓機能の精密検査を実施した。そこで問題があれば、治療のための医師まで紹介した。

鈴木康二朗は虫歯が多く、きちんと咀嚼《そしゃく》し、食べたものを消化する能力が劣っていた。だから私は、彼に虫歯治療を勧め、歯科医を紹介したこともある。

それでも、いくらやっても正解はない。

だから私は、スワローズ監督退任後、肉体改造の研究のために、アメリカの各大学のスポーツ科学研究所を訪ね歩き、カリフォルニア・エンゼルス（当時）を訪問し、球団専属のトレーナーからノウハウを学んだのだ。

90歳を過ぎた現在も、常に勉強を忘れてはいけないと肝に銘じている。

## 原監督が、桑田真澄に期待していることは何なのか？

さて、話が逸れてしまったが、いくら時代が変わっても、練習をせずに上達することは絶対にない。これは時代の問題ではない。厳然たる事実である。

その点、現在の選手は圧倒的に練習量が少ない。現在のジャイアンツ投手陣を見れば一目瞭然だ。特にエースの菅野智之は年々太り続けている。トレーニング方法が進化し、栄養学も進歩しているにもかかわらず、どうしてぶくぶく太り、故障ばかりしているのか？

菅野はすでに技術面ではほぼ完成している。全盛期は過ぎたとはいえ、コンディションさえ整えることができれば、まだまだ勝てるはずだ。

いくら「古くさい」とか「前時代的だ」と言われようとも、ある時期には死に物狂いで反復練習を繰り返すことが重要なのだ。寝食を忘れて泥にまみれることが大切なのだ。

桑田自身も、そうしてプロの世界で生き抜いてきたにもかかわらず、こうしたスタイルを踏襲しようとしているようには見えない。早稲田や東大で学んだ結果、「根性練習は無意味である」という結論に至ったのだろうか？

桑田はかねてから、「投手ならば先発完投を目指せ」と述べ、「先発完投できる投手を育てたい」と語っている。彼の考えには、私も首肯する。

けれども、その実現のためにはある程度の走り込み、投げ込みが必要だ。基礎体力の強化なくして、先発完投型投手を育てることなどできるはずがない。どうして、近年は走り込み、投げ込みを「根性論に過ぎない」と切り捨ててしまうのか、私にはわからない。

しかし、桑田が志向しているのは最新の知見を基にした科学的トレーニングであるという。「質より量」ではなく、「上質なトレーニング」とは一体、どのようなものなのだろう？　ぜひ、桑田本人に聞いてみたいものだが、本当にそんなことが可能なのだろうか？

私から見れば、桑田の言っていること、やろうとしていることは言行不一致に見えて仕方がない。さらに、このことを原監督はどのように考えていたのだろうか？

チーム全体を貫くビジョン、グランドデザインがまったく見えてこないのだ。

2021年1月12日付の読売ジャイアンツ公式ホームページには、桑田の復帰について原のコメントが載っている。

**「ジャイアンツにとって春から素晴らしいニュースであり、ファンも喜んでくれているると思います。チームを支えるスタッフの一員に桑田真澄が加わってくれたという、強い味方が加わったという点では、私自身も大変喜んでいます。私の方から、こういうふうにしてくれというような注文はありません。チームを強くするという目的のために力を出してほしいと思います」**

このとき原は「私の方から、こういうふうにしてくれというような注文はありません」と語っている。こんな無責任な言い草があるだろうか？

確固たる指導方針、育成方針を持ち、自分の考えを共有してくれる者だからこそ、コーチとして招聘《しょうへい》するのではないのか？　就任段階で「注文はありません」と言われても、桑田自身も困ってしまうことだろう。

そしてそれは、桑田のケースに限ったことではなく、他のコーチ人事においても、同様のことが言える。私が「原にはチーム作りのビジョンがない」と断言する理由はここにあるのだ。大切なのは正しいことを死ぬまでやり続けるということだ。プロ野

2021年1月、巨人の投手チーフコーチ補佐就任が決まり、原監督とともにオンライン会見に臨んだ桑田真澄

球選手で言えば、現役でいる間は常にたゆまぬ努力を続けなければいけないし、指導者として生きていく覚悟があるならば、常に勉強することを忘れてはいけない。

桑田のこれまでの道のりを見れば、彼が「人生は常に勉強だ」という思いを抱いていることはよく理解できる。ならば、彼の指導法には期待したい。

テレビでは、桑田の息子の姿をしばしば見かける。あれだけ個性的な息子を育て上げた男だ。桑田の手腕に、私はひそかに注目している。

多少の皮肉を込めつつ、内心では本当に期待もしているのだ。

## 父・貢氏の逝去によって、原辰徳は堕落した

2014年5月29日、東海大相模高校、東海大学などの監督を務め、東海大学系列校野球部総監督でもあった原貢氏が78歳で逝去された。

貢氏が存命だった第2期監督時代の原は、私の目から見ても彼なりによく頑張っていたと思う。おそらく、何か難事に直面したときには、しばしば父に相談していたのだろう。

私は生前の貢氏と交流があった。原がまだ東海大相模高校時代のことだ。プロとアマの垣根を越え、ともに「監督」という重責を任された者同士として、貢氏には尊敬の念を抱いていた。

私が評論家だった頃、フロリダを訪れたときのことだ。メジャーリーガーが愛用し、当時の日本ではまだ珍しかったスポルディング製のグラブを購入し、「息子さんに渡してほしい」とプレゼントしたこともある。

原自身もまた、「野球道」を究めようと、鍛錬を怠らない父に対する敬意を持っていた。息子は父を尊敬し、父は厳しいまなざしとともに息子を叱咤《しった》する。理想的な親子関係、師弟関係が築かれていたことで、原もまた多くのことを学んだはずだ。

ところが、貢氏が亡くなってから、原は頼りにすべき存在を失ってしまった。このときの彼の心境は、海図も持たずに大海原を漂うしかなくなってしまった不安感に支配されていたのかもしれない。

その結果、原はラクを覚えてしまった。

周りにイエスマンを配置し、自分の考えに同調してもらうことで、何とか崩れそうになる自信を保とうとしていたのだろう。それが「お友だち内閣」に現れていたのだ。

しかし、それではまるで裸の王様ではないか。

人間には、いつの時代にあっても、いくつになっても、自分の過ちを糺《ただ》してくれる存在が必要だ。はたして、原にはそんな存在がいたのだろうか？

常に彼は父のことを畏怖していた。

両者の関係は「父と子」である以上に、グラウンド内では「監督と選手」であり、人生においては「師匠と弟子」だった。

しかし、貢氏の死によって、原はいっぺんに「父」、「監督」、そして「師匠」を失ってしまったのだ。その喪失感は、言葉にできないほど大きかったはずだ。

その点が、原にとっての最大の不幸だった。

私は裸の王様になりたくなかった。だからこそ、先に挙げた中村天風、藤平光一、そして新田恭一氏らに教えを請い、道を踏み外しそうになる自分を常に戒めたのだ。

原に必要だったのは、人生におけるかけがえのない師匠だった。

私なら、いくらでも相談に乗るつもりだった。しかし、当の原にとっては、耳の痛い小言など今さら聞きたくなかったのだろう。耳当たりのいい言葉を求めたのだろう。

えてして人間はラクな方に流れるものである。

私に言わせれば、原は増長したのだ。しかしそれは、原だけが悪いのではない。球団フロントにも原因がある。

その端緒となったのは、第3次原政権が誕生した2019年にある。

そう、通常のグラウンド上の指揮だけでなく、首脳陣の人事権、トレード、FA、ドラフト、さらには新外国人獲得に至る編成権まで与え、実質上のGM（ゼネラルマネージャー）としての役割を与えてしまったことにあるのだ。

## 「全権監督」の弊害

2019年の監督就任時、原は三顧の礼をもって迎えられた。その際に球団は編成権も含めた全権監督として、原を遇することを決めたという。すべての問題の原因は、ここにある。

フロントにはフロントの重要な仕事がある。もちろん、監督には監督の、コーチにはコーチの役割がある。1人で何もかもできると思ったら大間違いだ。

GMの職域は多岐にわたる。

アマチュア球界のスカウト活動、他球団の情報収集、もちろん自軍の二軍、三軍への目配せも必要になる。長いペナントレースで、目の前の試合を戦いながら、それだけの業務がこなせるはずがない。

私も1995年に千葉ロッテマリーンズでGM職を経験した。覚悟は決めていたが、本当にやるべきことが多く、目の回るような日々を過ごした。

人間は過ちを犯す生き物である。どんなに万全を尽くしたと思っても、最善を尽くしたと考えても、必ずどこかに落とし穴がある。

また、人にはそれぞれ得意、不得意がある。自分の足りない点は誰かに補ってもらわなければならない。それは決して恥ずべきことではない。

しかし、「全権監督」という肩書、地位が原を狂わせてしまった。

グラウンド内外での万能感が、「自分は何でもできる」「自分の考えはすべて正しい」という驕《おご》りを生み、真実を見る目を曇らせてしまったとしか思えないのだ。

その結果、原は裸の王様となってしまったのではないだろうか?

私の理想としては、長嶋茂雄終身名誉監督が、GMの任に相応しいと考えていた。

彼ほど人気者で誰からも愛され、野球界だけでなく、他のスポーツ界、政財界、芸能界と幅広い人脈を誇る稀有な存在はいない。有能なGM補佐をつければ、かなり機能したことだろう。しかし、健康状態の問題からそれも現実的なものではなくなってしまったのが残念である。

結局、「全権監督」となってからの原は、球団としても、ファンとしても、そして私のような一OBとしても、誰も満足できるような結果を残すことができないままチームを去ることになった。

原が遺したものは「全権監督は機能しない」という皮肉な教訓のみだった。

## 辛抱強く、若手を育てる労を怠った罪

監督の最大の使命は「日本一になること」である。

一方で、指導者の最大の使命は「選手を一人前にすること」だ。指導者である以上、「育てる」「教える」ということは死ぬまでついて回ることなのだ。

では、「監督」と「指導者」は相反する立場なのであろうか？

もちろん、そんなことはない。選手が育てば、必然的にチームは強くなる。プロ野

球チームの監督とは、チームを指揮する「監督」であり、同時に選手の才能を育てる「指導者」でなければならない。

この意識が、近年のジャイアンツ、そして原には希薄だったように思えてならない。原政権下で高校卒の坂本勇人、あるいは岡本和真が主力選手として活躍をした。しかし、それは本当に「原が育てた選手」と言えるだろうか？

確かに坂本は、第2次原監督時代に高校生ドラフト1巡目指名を受け、原の下で成長を続けてきた。しかし、坂本は真の意味での一流選手になれる素質を持っていたにもかかわらず、結局はその才能を開花させることができなかった。

通算3000安打を目指そうかという坂本に対して、厳しい言い方かもしれないが、私から見れば、まだまだ彼は物足りない。

守備の際に人工芝で滑っただけで大げさに「故障した」と報じられていることについて、本人は何とも思わないのだろうか？

チームの主力選手で、五体満足な選手など1人もいない。いくら万全なケア態勢を整えていても、誰でも多かれ少なかれ古傷の1つや2つを抱えている。

ベテランになればなるほど勤続疲労は生じるものだ。それでも、悪い箇所をカバーしながら平然とプレーを続けるのが、本当の一流選手というものだ。

……つい、坂本への苦言が続いてしまったが、私が言いたいのは「原は若手選手の育成を怠った」ということである。


ジャイアンツには一軍、二軍のみならず三軍まで整備されている。

一軍には走攻守三拍子そろったトッププレイヤーを中心に、俊足、強肩など一芸に秀でた専門職を配することが理想である。

そして二軍は、一軍の座を虎視眈々と狙うべく、「何としてでも這い上がるぞ」という若手選手たちを徹底的に鍛え上げる場でなければならない。しかし、現状の二軍は「ここが痛い、あそこが痛い」と降格した一軍選手たちの野戦病院と化しているではないか。

すでに述べたように、二軍監督もコロコロ代わっているため、1人の選手を長期的な視点で育てることなど不可能である。北海道日本ハムファイターズや福岡ソフトバンクホークスでは、入団時から「育成カルテ」を作成し、首脳陣であれば誰もが閲覧できるようになっている。だから、たとえコーチが代わったとしても、前任者がどのような指導をしていたのか、チームがどのような育成方針を持っているのかをすぐに理解できるようになっている。

もちろん、ジャイアンツでもこうした育成システムは採用されている。しかし、それが効果的に機能しているようには思えない。本来ならば「全権監督」である原が、こうした点を整備しなければいけなかった。「全権」だからこそ、それが可能となるはずだった。

それでも、その点だけをもって原を責めるようなことはしたくない。すでに述べたように、監督業だけで手いっぱいで、そこまで手が回るはずがないからだ。だからこそ、「全権監督は機能しない」と私は述べたのである。

改めて言おう。

二軍は一軍を目指すための鍛錬の場である。そして三軍は、プロとして生きていくための最低限の技術、体力、そして心構えを身につける場である。私がもう少し若ければ、三軍の監督を務めてみたかった。一軍監督には何の魅力も感じないが、三軍監督ならば大いに関心がある。やりがいも大きいことだろう。

選手は機械の部品ではない。

ある部品が壊れたら、他の部品に取り換えればいい——。

そんな考えである限りは、選手が伸びることはない。どんな選手でも根気強く教えれば、必ず成長する。人間とは偉大なものである。侮ってはいけない。

## 監督としての威厳を毀損してしまった重罪

FA権を行使して、2019年からジャイアンツに丸佳浩が入団した。

選手としての丸は、なかなかよくやっていると思うが、ホームランを打ったときに、頭の上で、両手で大きな丸を描く「丸ポーズ」と呼ばれるパフォーマンスはいただけない。

試合中のパフォーマンスは、相手に対する非礼であるだけでなく、まだ試合は続いているにもかかわらず油断を招く危険性もある。

私は、テレビで見るたびに苦々しく感じていたのだが、驚いたのは丸がベンチに戻る際に、それを出迎える原までも、満面の笑みとともに「丸ポーズ」に興じていたことである。

一体、何を考えているのか？

すでに、次の打者がバッターボックスに向かっているのである。相手投手が交代するかもしれない。ホームランによって走者は一掃されたけれど、次なる1点を奪うためにどうすればいいのか？　それを考えることが監督の役目であるだろう。

しかし原は、選手と一緒になって白い歯をこぼしておどけているのである。

私には、まったく信じられない。水原茂さんがそんなことをするだろうか？　川上哲治さんが試合中に笑顔を見せたことがあっただろうか？

やはり、原の場合はパフォーマンス重視で「魅せる野球」を標榜していた長嶋の悪い面を上辺だけ真似してしまったのだろう。

こうした一件に象徴されるように、原は監督の威厳を毀損してしまったのだ。コーチ陣が気心の知れた者ばかりを集めた「お友だち内閣」だったように、選手たちとの関係もまた「お友だち」だったのである。

前述したように、監督と選手との間には一線が必要である。なぜなら、両者の立場はまったく異なるものだからだ。監督と選手が仲よくする必要などまったくないのだ。

ピリピリとした緊張感があるからこそ成り立つ人間関係もある。

もちろん、社会問題化しているようにパワハラやセクハラは論外だ。古い体育会系気質は改善されなければならない。さらに、個々の人権を尊重した上で、その選手が最高のパフォーマンスを発揮できるような環境を整える必要がある。

しかし、我々はプロ野球界の人間である。

ファンの人からお金をもらってプレーしている以上、常に真剣勝負を提供し続けなければいけない。我々にはそうする義務があるのだ。選手たちは一流のプレーを披露し、監督は常に勝利を目指して最善を尽くさなければならない。

それこそが、真の意味での「魅せる野球」であり、本当のファンサービスではないだろうか？

安直なパフォーマンスに何の価値があるものか。

それにもかかわらず、監督自ら白い歯を見せて「丸ポーズ」に興じてどうするのだ。

それはすなわち「監督」という職務に対する冒涜である。

監督業の威厳を損ねてしまったことは、重罪であるとすら私は考えるのだ。

## 野手偏重のチーム作りの弊害

野球というのは投手が失点しなければ、決して負けることはない。

もちろん、いくら投手が0点に抑える好投を見せても、攻撃陣が1点も奪うことができなければ勝つこともできないが、少なくとも負けることはない。それにもかかわらず、「原巨人」は野手層を手厚くすることばかりに主眼を置いていた。

これは、その前の長嶋茂雄監督時代から見られる傾向だったが、口では「投手力、守備力を中心とした守り勝つ野球を目指す」と言いながら、長嶋も、原も、現役時代の自分がそうだったように、自覚していたのか、無自覚だったのかはともかく、本心では「打って、打って、打ちまくる野球」を目指していたのだ。

これもまた打者出身監督の弊害であろう。

特に四番を任されたスター選手は、潜在的に「打ち勝つ野球」を欲している。「守り勝つ野球」に対して、物足りなさを感じている。

その点、２０２３年にタイガースを38年ぶりに日本一に導いた岡田彰布監督は「守り勝つ野球」の意味をきちんと理解していた。

彼がオリックス・バファローズ監督時代に、私はこんなことを告げた。

「投手が点をやらなければ必ず勝てる。もっと投手を見るべきだ」

監督がブルペンに足を運べば投手陣は身が引き締まり、ヤル気を出す。岡田はすぐにそれを実行した。

現役時代の彼はタイガースのクリーンアップを任されていた。しかし、監督になってからは「攻撃力よりも投手力」を重視する方針を採っている。慧眼の持ち主であると言えよう。

そもそも、打者として成績を残した選手の方が「いかに打線はアテにならないか」を理解しているものだ。どんな大選手であっても、10回のうち7回は凡打で終わる。どんなに努力しても、4割を打つことはほぼ不可能なのだ。

大打者であればあるほど、その点を理解している。ならば、「4割を打つこと」を目指すのではなく、「いかに確実に7割を抑えるか？」を志向するのは当然のことだろう。

ドラゴンズ時代の落合博満や、スワローズ時代の野村克也が「守り勝つ野球」を標榜し、それを推し進めたのは当然のことである。

しかし、原にはその考えがなかった。そうでなければ、阿部慎之助引退後の「正捕手不在状態」がこんなに長く続くはずがない。

この点もまた、私には大いに不満が残る点なのである。

## 今こそ、「欲張り野球」からの脱却を！

2023年オフ、原はついに監督の座を辞した。

私からすれば「遅きに失した」と言わざるを得ない。これまで述べてきたように、原の胸の内には「いい選手を集めさえすれば勝てる」という誤った固定観念が沁みついていた。

あるいは、ホームランばかりを欲しがり、「いかに泥臭く点を重ねていくか」という発想をないがしろにしてしまった。

最後の最後まで「原野球とは何か？」を自ら発信することがなかった。

私からすれば「原野球とは、『欲張り野球』だ」と断じたい。

そしてこの「欲張り野球」とは、「ラクして勝ちたい」という怠惰な精神の表れでしかない。序章で述べたように、プロ野球の世界において結果を残すためには「正しいことを、正しい方法でやればいい」のである。

物事には決して近道はない。

それにもかかわらず、第3次原政権下ではラクする道ばかりを歩んできたように思えて仕方がない。選手も、コーチも育てることができなかった。

2019年、2020年、いずれも日本シリーズでホークス相手に4連敗を喫して、なす術もなく敗れ去った。今から思えば、あの2年間こそ、ジャイアンツが抜本的に生まれ変わる最大のチャンスだった。あれだけ悔しい思いをしたからこそ、「チームに何が足りないのか?」「どこに問題があり、どう改善すべきなのか?」を見直す好機だったのだ。

しかも、原は全権監督である。彼がリーダーシップを発揮すれば、容易にチームをいい方向に導くこともできたはずだ。しかし、原はそれをしなかった。わかっていてやらなかったのか、その能力がなかったのかは、ここでは問題としない。

ここで問いたいのは、「原は何もしなかった」という現実のみである。

ジャイアンツは変わるチャンスを逃した。

そしてそれは、そのまま阿部慎之助監督への宿題となった。阿部もまた大変な重荷を背負わされたものだ。同情を禁じ得ないが、それでもやらねばならない。球団創設90周年の節目の年を指揮する責任が、彼にはある。

監督を退任した原は、2024年で66歳になる。

幸いにして、まだ体力、気力とも充実しているように見える。人間はいくつになっても勉強の連続である。原自身も、ここからの人生で多くの気づきや学びを得ることだろう。

再びユニフォームを着てグラウンドに戻ってくるのか？

そのときには、4度目となるジャイアンツのユニフォームなのか、あるいはまったく別のユニフォームなのか？

現在、ジャイアンツの「オーナー付特別顧問」という肩書を持っているという。ならば、一生、ジャイアンツとは縁が切れぬまま過ごしていくのだろう。

繰り返しになるが、もしも原が「巨人だけが野球じゃない。他のチームで、もっと勉強して研鑽を積みたい」とでも語れば、そのときこそ私は原のことを褒めたい。

原の将来はどうなっていくのか？
92歳となった私にとって、それは最大の関心事の1つなのだ——。

第2章

# 阿部慎之助新監督に贈る必勝法

## 王道のルートから満を持して第20代監督に

2024（令和6）年から、前任の原辰徳に代わって、阿部慎之助が読売ジャイアンツ第20代監督となった。ジャイアンツとしては初となる「捕手出身監督」の誕生である。

現役時代には第18代主将を務め、8度のリーグ優勝、3度の日本一に貢献した。21世紀に入ってからのジャイアンツにおいて、阿部は不動の正捕手として象徴的な選手であったことは間違いない。

ジャイアンツの生え抜きとしては川上哲治さん、長嶋茂雄、王貞治、柴田勲に次ぐ5人目の通算2000安打を達成した。さらに、日本代表としてシドニーと北京と2つのオリンピックに出場し、WBC（ワールド・ベースボール・クラシック）にも2回出場。第3回大会では四番・キャッチャーでキャプテンも務めた。

通算成績は、2282試合に出場して、打率・284、2132安打、ホームラン

2024年春季宮崎キャンプ初日、選手たちを激励する阿部慎之助監督

406本、打点1285。キャッチャーという重責を担いながら、これだけの成績を残したのは「立派」のひと言だ。

2019（平成31・令和元）年オフに現役引退してからは、2020年から2年間は二軍監督として、2022年からは一軍作戦兼ディフェンスチーフコーチ、翌2023年には一軍ヘッド兼バッテリーコーチとして、着々と「監督への道」を歩んできた。そして、まさに満を持して監督に就任したのだ。

私が「阿部慎之助」という選手を初めて見たのは、彼が安田学園高校3年生の頃だったと記憶している。当時の私は千葉ロッテマリーンズのGM（ゼネラルマネージャー）職にあり、スカウト部長とともに練習を見に行ったのだ。

その時点ですでに中央大学進学が決まっており、すぐに獲得するということではなかったが、監督の計らいで打撃練習をじっくり見る機会を得た。

このとき、すでに彼は非凡な才能を発揮していた。

（これはプロで通用するバッターになれるぞ……）

大学に進学しなくても、高校からすぐにプロに入って数年もすれば主軸選手になることは、すでにこの時点で予測できた。本音を言えば「大学に行かせるのはもったいない」という思いもあったけれど、後に逆指名でジャイアンツ入団が決まったときには私も嬉しかった。

この時点ですでに、球団としても「将来の監督候補」と目していたようだ。だからこそ、先ほど私は「満を持して」という表現を使ったのである。

現役時代には主将として随所にキャプテンシーを発揮した。

２０１２年の日本シリーズにおいて、中央大学の後輩である澤村拓一の頭を試合中にもかかわらずファンの面前でポカリと叩いた。この一件に象徴されるように、緊張感のないプレーや、プロとして恥ずかしいプレーをしたときには、決してなあなあにせずに、きちんと叱咤する厳しさを持ち合わせていた。

オフになれば、坂本勇人や小林誠司など、次代のジャイアンツを背負う若手選手たちを自費で自主トレに帯同させて、さまざまな教えを与えたという。

こうしたことを耳にするたびに「なかなかやるな」と感心したものだった。


球団の思惑も承知していたので、彼が現役引退後、まずは二軍監督に就任したと知ったときには、「よかった」と安堵した。

というのも、私もまた「阿部の場合は、まずは二軍から指導者としてスタートすべきだ」と考えていたからだ。現役通算2132安打を記録した阿部は、紛れもなく一流選手である。そんな彼が、自分よりも未熟な選手たちをどうやって指導するのか？

何から教えていくのか？

私は、その点にとても注目していた。

目の前にいるのは、自分ならば何も考えずに当たり前にできたことができない選手ばかりだ。そこで、「何でこんなこともできないんだ！」と叱るのは愚の骨頂である。それでは、何のための指導者なのかわからない。

まだまだ半人前の選手を、どのように一人前に育て上げればいいのか？

選手たちの個性を見極めつつ、その人に合った適切な指導を行うこと。そして、実戦での選手起用や采配を通じて、試合勘を養うこと。こうしたことを学ぶのに二軍監督というのは最適な役職だろう。

この時点で私は「二軍で数年間経験した後に、次は一軍コーチとなれば理想的だ」と考えていたが、実際にその通りとなった。現役引退後の2年間はファームで、そしてさらに2年間は一軍で原監督の下で経験を積んだ。

理想を言えば、1年だけでもいいので、通訳もつけずに海外の野球を学んでくる野球留学の時間も持ってほしかった。現役引退後、私もアメリカ野球を学ぶために、しばらくの間単身で行動をしたが、何から何まで自分一人でやらねばならないことばかりで、大きな気づきや発見があったからだ。ぜひ阿部にも、そんな体験をしてほしかったが、ちょうどコロナ禍でもあり、実現しなかったのは残念だ。

それでも、王道のルートを歩んだ上での一軍監督就任である。私の期待も否応なしに高まるのは当然のことだろう。

## 世間を騒がせた「阿部罰走」騒動について

さて、阿部新監督の野球観とはどのようなものなのか？

たまたま高校時代からの縁があったこともあって、彼の行く末については、私としてもとても興味深かった。だから、彼が現役を引退してからは阿部に関する報道には特に注目していた。

ある日、スポーツ新聞を読んでいて、「ほぅ」とうなった。

阿部が二軍監督時代のことだ。プロアマ交流戦において、ジャイアンツの二軍は早稲田大学に敗れた。その試合後、彼は選手たちに罰走を命じた。

大学生相手に6対9で敗れた試合後、阿部はベンチ入りしていた全選手を集めて、PP（両翼ポール間をランニングする練習メニュー）を命じたという。この試合で9

四死球を与えた投手陣は15往復、それ以外の選手は10往復だった。

この一件が大々的に報じられると、海の向こうのダルビッシュ有がTwitter(現・X)で反応。こんな発言を残している。

「自分が日本ハムに入った2005年より前ぐらいから当時のコーチたちと半ば喧嘩しながらも、無駄なランニングを排除していったのが現オリックス中垣征一郎さんです。球団首脳にも理解があったから2005年にはすでに日本ハムには無駄なランニングがなかった」

阿部の罰走に対して、暗に「無駄なランニング」と断じたのである。さらに、「才能のない選手の場合、試合で活躍するには走り込みは必要では」という、ファンからのツイートに対してはこんな意見を開陳している。

「逆にそれで才能のある選手がかなり潰されています。そもそも自分が走り込み、投げ込みを高校、プロとしていたらまずここにはいません。本来なら自分より才能のある同級生はもっといたはずです」

やはりここでも「走り込み信仰」に対して批判的な意見を述べている。それでも阿部は動じなかった。私としても、ダルビッシュに対しては、「正しいことを言って何が悪いのだ？」という思いだった。阿部は言った。

「選手たちには『オレたちはこれだけ厳しい練習を積んできたんだ』と自信をつけてほしい」

世間が騒いでいる中で、このように平然と語ったのである。ダルビッシュの発言もあり、世間からは「前時代的だ」とか「パワハラだ」という批判も多かった。それでも阿部は動じなかった。その年のオフには、こんな発言も残している。

「若手選手には、『絶対に二軍に行きたくない』と思ってもらうように、これからもドンドン罰走をやっていきたい」

その心意気や、よし。私は快哉を叫びたい思いだった。

近年のジャイアンツに決定的に欠如していたのが、この「厳しさ」だった。指揮官である原監督には、圧倒的に厳しさが欠けていた。指揮官の慢心は絶対に選手たちに伝播する。悪い言い方をすれば、選手たちが監督のことをなめてしまうのである。厳しさのない組織は、すぐに、そして確実に堕落する。

この点だけを見ても、「阿部なら、かつてのジャイアンツらしさを取り戻してくれるかもしれない」と、私は希望を持ったのだ。

## ジャイアンツよ、常に気高くあれ！

前項で述べた「ジャイアンツらしさ」について、説明を重ねたい。

私が現役時代のジャイアンツは、常に川上哲治さんがにらみを利かせていて、緊張感にあふれていた。「下手なプレーをしたら川上さんに叱られる」という思いが常にあって、ピリピリした空気の中でプレーをしたものだった。

監督ではなく、チームリーダーの川上さんが、チームにいい緊張感をもたらしてくれたのである。当時の「巨人方式」では、指導者があれこれと教えるのではなく、選手間で熾烈《しれつ》なポジション争いを繰り広げることで、自然発生的に切磋琢磨が芽生えて全体のレベルアップがなされていたのである。

しかし、いつの頃からかそんな伝統が薄れていってしまった。

その結果、指導者はロクに教えることもしなければ、選手間の競争意識も薄れることになり、かつての「ジャイアンツらしさ」がすっかり影を潜めてしまった。

こうした風潮に対して、私は危機感を抱いていたのだが、おそらく阿部慎之助もまた同じ懸念を抱いていたのではないだろうか？

自分が引退した後のジャイアンツはどうなるのか？

坂本勇人も、岡本和真も、若手に対してにらみを利かせるタイプではない。

前任である原辰徳は人当たりのいい優しい監督だった。入団前から「若大将」ともてはやされ、チームの顔として爽やかな笑顔を振りまいていた。そしてそれは、指揮官になっても変わらなかった。

私に言わせれば「優しい監督＝何も教えない監督」である。

しかし、阿部はあえて「厳しい監督」となろうとしているように見える。「厳しい」ということは、その選手に対する責任感と愛情の裏返しだ。「何とかお前に育ってほしい」という思いがあればこそ、厳しく接することになるのだ。

私から見れば、原よりもずっと阿部の方が責任感が強く、選手への愛情も強い人物だと言えよう。二軍監督時代の阿部を見ていて、「お前のやっていることは間違っていない」とエールを送りつつ、同時に「阿部がチーム内で浮いてしまうことはないだろうか？」という不安も抱いていた。

けれども、一軍監督就任までの4年間、彼は決して妥協することなく、初志貫徹を実現した。こうした阿部の姿勢こそ、近年では薄れつつあった「ジャイアンツらしさ」を取り戻す契機となるのではないか？

ジャイアンツよ、常に気高くあれ――。

私が思い描いている理想を、阿部なら実現してくれるのではないか？

私は、そんな期待をしているのである。

## あのギスギスした緊張感をもう1度

かつてのジャイアンツは、常にチーム内に緊張感が充満していた。

前述したように、チームリーダーの川上さんが厳しい人だったからである。ご存知のように、私は川上さんと折り合いが悪い時期が長く続いた。

その発端となったのは、私が早稲田大学を卒業してジャイアンツに入団したルーキーイヤーの1954年にある。

京都の西京極球場で、ショートゴロを処理した私の送球を、ファーストを守っていた川上さんはまったく捕ろうともしなかった。私は無性に腹が立って仕方がなかった。今から思えば私にも非があるのだが、川上さんに向かって「あの程度のボールを一塁手が捕らないで野球になりますか！」と詰問してしまったのである。

あの頃の川上さんは自分の身体を中心とした四角い枠に収まるボールしか捕ろうとしなかった。ワンバウンドなど論外で、大きく足を広げたり、目いっぱい腕を伸ばしたりして捕球するということは皆無だった。

実際に川上さんは私を部屋に呼んで「オレは真ん中以外のボールは捕らない」とハッキリと言った。私は「なぜ捕らないのか？　どうして練習しないのか？」と言いたいのをグッとこらえるのに必死だった。

こうした厳しさで他の野手陣に「きちんと送球しなければ」という意識を植えつけようとしていたのか、それとも単に守備に関する意欲が欠如していたのかはわからないが、私は「困ったことになったな」と悩んでいた。

そんなときに、私とショートのポジションを争っていた平井三郎さんが救いの手を差し伸べてくれた。

「ヒロ、負けるなよ。平井さんは私にそっと耳打ちをした。川上さんをぎゃふんと言わせるような正確な送球をすればいいんだ」

千葉茂さんにも同様の言葉をかけてもらった。この言葉がどんなに救いとなったことか。だからこそ、私は必死に練習をした。その根底にあったのは、「絶対に川上さんに文句を言わせないぞ」という反骨精神だった。

その点、川上さんもフェアだった。私がいいボールを投げれば「ヒロ、今のはよかったぞ」と言い、少しでも逸れれば「どこに投げているんだ！」と罵声が飛んだ。改めて振り返ると、いかに理想的な組織だったのかと感じる。

中心となるリーダーが徹底的に厳しさを押し出せば、当然、他の選手は「よし、今に見てろよ」と反発心を抱き、さらに努力するようになる。そして、その姿を先輩たちが陰でサポートする。こうした相乗効果は確実にチームに好影響をもたらす。

南海ホークスから移籍してきた別所毅彦さんも厳しい人だった。私は何度も「あんなへたくそなショートがいたら、オレは勝てない」とハッキリと言われた。

当時は悔しくて仕方なかったけれど、今では川上さんにも、別所さんにも感謝の思いしかない。強い組織のあり方を教えてくれたからである。

幸いにして、前述したように阿部新監督には、随所に「厳しさ」が垣間見える。彼はジャイアンツの伝統でもあるピリリとした緊張感を、再びチーム内にもたらすことができるのだろうか？

## 信念を貫き、世の中を変えよ！

２０２１年から２０２３年にかけて、ジャイアンツはリーグ優勝を逃した。２年連続Ｂクラスとなったことで、原監督の下で監督としての英才教育を受けていた阿部が「Ｖ逸」の詰め腹を切らされるのではないかという報道もあったが、原が勇退したことで、阿部にチャンスが巡ってきた。

彼はこのチャンスを絶対に逃してはならない。

現役晩年の頃と比べて、阿部はかなりスリムになった。報道によれば、現役時代の最高体重と比べて20キロ以上もダイエットに成功したという。現役引退後、指導者に転じるにあたって、阿部は自らの意思でスリムになることを決意した。「初めはダイエット目的だった」と語っているが、そこには「継続することの大切さを、身をもって示したい」という思いもあった。

第４章で詳述するが、埼玉西武ライオンズ監督時代の辻発彦が、私のことを見習って「いつでも自分で（選手に）手本を示せるように、体型維持を心がけている」と述べていた。阿部もまた同様の志を持っていたのだ。

二軍監督時代には、選手たちに対して、「自分で考えて動くこと」を説いていたという。それを称して阿部は「行動」ではなく、「考動」という造語を用いていた。

伸び盛りの若い選手はほんのちょっとしたきっかけで飛躍的に技術が向上することがある。指導者が自らの理念を掲げ、根気強く練習につき合っていくことが大事であるが、二軍監督時代の阿部は、なかなかいい指導をしていたように思う。

そんな阿部新監督に何よりも伝えたいのは、「世間の意見は気にするな」ということである。先に挙げた「罰走騒動」に見られるように、現在では少々厳しい指導をすると、すぐに「パワハラだ」と非難され、やがては凄まじいバッシングの集中砲火を浴びることになってしまう。

しかし、我々はプロ野球界の住人である。

厳しく自己を律したプロフェッショナルたちが一丸となって、日々勝利を目指していかねばならぬのである。自分を律することができぬ者、チームとしての調和を乱す者がいれば、厳しく指導するのが指導者の役目である。

それは決してハラスメントではない。

世間が何と言おうと関係ない。自分の言動に自信と責任を持った上で、「黙ってオレについてこい!」という気概がなければならない。阿部にはその気概がある。決して妥協することなく、自分の信念を貫き、そしてきちんと結果を残せば、選手たちはもちろん、世間もまた変わってくる。世論も変わるはずだ。

危害の及ばない安全な場所から無責任なことを言う人間はたくさんいるだろう。そんな者の言葉に耳を傾けたり、心を痛めたりする必要など微塵もない。

死ぬ気でやり抜けば、必ず阿部の真意は選手にも、世間にも伝わる。

私はこれまでずっと、「どんな選手でも根気強く指導すれば必ず成長する」と言い続けてきた。それは今回も同様だ。

信念を持って死ぬ気で取り組めば必ず世間も変わる——。

阿部には、ぜひとも頑張ってもらいたい。

## コーチ人事に期待すること

2023年10月6日、原監督の退任会見、そして阿部新監督の就任会見が同時に行われた。この席上で阿部は「とにかく強い巨人軍、愛される巨人軍を必ず作っていく」と意気込みを述べた。

オファーを受けたとき、阿部は「本当に僕でいいのか、重圧を感じていた」という。それでも、重責を担う決意をしたのだ。背番号「83」の意味を問われた際には、次のように答えている。

「ジャイアンツの伝統を受け継ぐとともに、やはり原監督の『8』と、僕が入団当時の監督だった長嶋茂雄さんの『3』、この2つは大きな背番号だと思って、(原)監督にお願いしたところです」

長嶋から原へ、そして原から阿部へ――。

この発言は、自ら「ジャイアンツの歴史をきちんと受け継ぎたい」という思いの表れであると私は受け止めた。

やがて、組閣も明らかになった。その顔触れを見て、私は「なかなかいいぞ」と思った。私が目を引かれたのは次の3人だ。

二岡智宏……ヘッド兼打撃チーフコーチ
杉内俊哉……投手チーフコーチ
川相昌弘……内野守備コーチ

この3人の野球理論を、私もまた高く評価していた。

二岡には現役時代に守備についてアドバイスをしたことがある。そのときの彼の「何でも吸収しよう」という態度に好感を持った。さらに、その直後から見違えるように上達したことにも驚いた。おそらく、さまざまな試行錯誤を経て、懸命に鍛錬に励んだのだろう。

杉内はかつて、ジャイアンツに移籍してきたときに「巨人はランニング量が足りない」ときっぱりと言い切った。彼が経験してきた福岡ソフトバンクホークスとの違いを端的に言い表したこと。さらに、ジャイアンツ移籍後も黙々と練習に励み、若手投手陣に好影響を与えたこと。杉内もまた努力家であり、理論家である。どんな指導で若くて才能のあるジャイアンツ投手陣を導いていくのか？

エース格に育ちつつある戸郷翔征は2024年に24歳となる。同じく横川凱も24歳、赤星優志は25歳で、山﨑伊織は26歳だ。まだまだ伸び盛りの若き投手陣の伸びしろに期待したい。

そして川相だ。現役時代に守備の名手として鳴らした彼は、コーチになってからも精力的に自ら手本を見せて選手たちに指導している。

近年の内野手はみな人工芝に慣れきってしまい、守備の基本がおろそかになっている。最近の選手はほとんどが片手でキャッチしているが、それでは送球の際にワンテンポ遅れてしまう。「捕ってから投げる」のではなく、理想は「投げるために捕る」のだ。両手で捕球すれば、送球は格段に速くなる。

今こそ原点に立ち返って基本中の基本を徹底的に反復練習すれば、若い選手の多い内野陣は必ず伸びる。川相ならそれができるはずだ。

この3人のコーチに共通しているのは、現役時代にみな練習熱心だったということだ。近年のジャイアンツの選手たちは明らかに肥満気味だった。菅野智之を筆頭に岡本和真、中田翔、中島宏之など、身体のキレが全然感じられない選手ばかりだった。そもそも、2023年限りで退団した大久保博元コーチ自身が締まりのない体型をしていた。これでは選手たちに示しがつかない。

指導者というのは、まさに率先垂範、選手たちと一緒になってランニングできるぐらい節制していなければならないのだ。

中田と中島はともに2024年からは中日ドラゴンズに移籍することになった。いくら打線に課題があるとはいえ、今さらこの2人を獲得するドラゴンズのフロント陣、そして立浪和義監督は何を考えているのだろうか？　場当たり的な対症療法では問題は何も解決しない。

話が逸れてしまったが、2024年のジャイアンツキャンプを見ていても、多くの選手が身体を絞っているのが感じられた。最新の理論でウエイトトレーニングを行い、その上で適切な脂肪を身にまとっているのだろう。前年まで多く見られた寸胴型の選手は姿を消し、確実にみなユニフォーム姿が様になってきている。

これは阿部新監督の「厳しさ」がチーム内に浸透しつつあり、同時に新コーチたちがある程度の練習量をきちんと命じているからではないだろうか？

いずれにしても、いい傾向だと思う。

## 坂本勇人、長野久義、丸佳浩に引導を渡せるか？

年齢を重ねていけば、若い頃のようなパフォーマンスは期待できなくなる。それを「経験」でカバーするのがベテランの強みである。

しかし、年を取り、少しずつ衰えていくのは自然の摂理だ。自然界の法則に逆らうと、必ずどこかに無理が生じて破綻をきたすことになる。

阿部新監督の重要な役割として、「どのタイミングでベテランたちに引導を渡すことができるか？」ということがある。

長年レギュラーとしてショートを守り続けてきた坂本勇人は、２０２４年シーズンは完全にサードに専念し、ショートの重責は進境著しい2年目の門脇誠に託されることになりそうだ。チームに新陳代謝が起きるのは望ましいことである。

そこで問題となるのは、坂本の処遇だ。

１９８８年生まれの坂本は、２０２４年にはプロ18年目、36歳となる。本人は「まだまだ動ける」と思っているだろうが、ここ数年で確実に衰えが見られるようになった。これから1～2年はまだ大丈夫だろうが、40歳を前にして、阿部監督は「ポスト坂本」を見据えておく必要がある。

あるいは、ジャイアンツからカープに移籍し、再びジャイアンツに戻ってきた長野久義は、２０２４年に40歳を迎え、チーム最年長となる。残念ながら、もうかつてのような活躍は期待できない。推定年俸４０００万円の価値があるのかどうか、冷静に判断することも阿部には求められている。

ジャイアンツ移籍後、完全に精彩を欠いてしまっている梶谷隆幸も36歳となる。彼に2億円（推定）もの年俸を支払う価値はない。2023年シーズンは11年ぶりに規定打席に到達しなかった丸佳浩はプロ17年目、35歳を迎える。年俸は2億8000万円（推定）。やはり、年俸に見合った活躍をしているかと言えば疑問が残る。

他球団の例で言えば、阪神タイガースから千葉ロッテマリーンズに移籍し、40歳で引退した鳥谷敬。あるいはタイガースから古巣のドラゴンズに戻り、45歳で引退した福留孝介。全盛期のピッチングとはほど遠い状態ながら、41歳まで現役マウンドにこだわった松坂大輔もそうだ。

彼らはいずれも辞めどきを誤った。惜しまれて去るのが花なのだ。

チームが苦境にあるときは、確かにベテランの力が必要になる。

しかし、「昔の名前で出ています」だけでメシが食っていけるほどプロの世界は甘いものではない。ベテラン選手に引導を渡しつつ、若い選手を育てていくこと。

これもまた、阿部新監督に課せられた重責の1つである。

## 生え抜きスター選手の育成を

私が阿部慎之助新監督に望むのは、「真の意味で球界を代表する生え抜きのスーパースターを育成してほしい」ということだ。

現在のジャイアンツには、高卒で若くしてレギュラー選手となった坂本勇人、岡本和真がスターティングラインアップに顔を並べている。しかし、坂本はプライベートでは相変わらずフワフワと浮ついた様子で、ベテランの域に達してもなお野球とは関係ないスキャンダルが報じられている。

一方の岡本はそれなりの成績を残しているものの、どうにも威厳がない。「オレはジャイアンツの四番だ！」という気概がまったく感じられない。元々、気が優しい純朴な青年なのだろう。年長の他球団の選手に対して、自ら駆け寄ってあいさつをしている姿を見たが、私としては見たくない光景だった。

ここでも私は、川上哲治さんのことを思い出す。

川上さんは「ジャイアンツの四番」ということに絶大なるプライドとこだわりを持っていた。打撃不振に陥ると、バッティングピッチャーを3人ほど伴って多摩川グラウンドで徹底的に打ち込みを続けた。1人のために3人の打撃投手がいなくなるのだ。冷静に考えれば、それは単なる一選手のエゴであり、わがままであるのかもしれない。それでも、なりふり構わず練習に明け暮れる川上さんの鬼気迫る姿を目の当たりにすれば、誰もそんなことなど言い出せなかった。

西鉄ライオンズとの日本シリーズにおいて結果が残せないと、「オレは四番を降りる」と自ら申し出たこともあった。もちろん、私たちは「川上さんが弱気になってどうするんですか」と翻意を求めた。あのときの川上さんの表情も忘れられない。「ジャイアンツの四番」に並々ならぬこだわりを持っていたからこそ、常に「自分にはその重責を担えるのか？」というプレッシャーと闘っていたのである。

あの頃、川上さんは間違いなくチームの精神的支柱だった。それは、V9時代に四番を務めた長嶋茂雄も同様だ。責任と覚悟を持った四番が常に先頭に立って、チームを引っ張っていたから、他のメンバーも勢いを増して続いていったのである。岡本にも、ぜひこうした気概を持ってほしいものだ。

少々話が逸れたが、２０２４年シーズン、坂本は36歳になる。そろそろ成績が下降する時期が訪れるだろう。岡本は28歳で脂が乗り切ってくる頃だ。岡本が元気なうちに、ぜひとも次世代の生え抜きスターの誕生を切に願う。

阿部が厳しい言葉をかけ続けている秋広優人は楽しみな逸材だ。２０２４年には22歳となる。適切な指導をすれば、これからどんどん伸びていく時期に差しかかる。阿部新監督にはぜひとも、チームの中心となる選手の育成を望みたい。

## 他球団が抱いていた「ジャイアンツコンプレックス」

１９６１年に川上さんがジャイアンツの監督に就任した年のことだ。

この年の途中から阪神タイガースの監督に就任した藤本定義さんは、チーム内にはびこる負け犬根性を払拭するために、何かと川上さんを自軍のベンチに呼びつけ、

「おい、テツ」と呼び捨てにしたという。

戦前のジャイアンツの礎を築いた藤本さんの前では、さすがに「打撃の神様」川上さんも直立不動となる。あえて藤本さんは、その姿をタイガースナインに見せつけることで、コンプレックス払拭を図ろうと考えたのである。


かつて、ジャイアンツが圧倒的な強さを誇っていた頃、セ・リーグ各球団には確実に「ジャイアンツコンプレックス」があった。毎試合全国放送され、いつも球場は満員のファンで埋まり、全国区の人気を誇るスター選手がズラリとそろっていた。

私自身、その中にいるときにはあまり実感したことはなかったけれど、現役を引退して、広島東洋カープのコーチとなり、ヤクルトスワローズの監督となって初めて「ジャイアンツコンプレックス」というものが存在することを知った。

もちろん口にすることはなかったけれど、選手たちの多くは「あのYGマークを見るたびに畏縮してしまう」という雰囲気を漂わせていたように思う。あるいは、リードされている場面で「どうせ今日もダメだろう」と早々に諦めていた選手もいたように思う。私が関わっていた頃、カープもスワローズも、ともに1度も優勝経験がなかった。「勝つ喜び」をまったく知らない選手ばかりだった。

後に球界を代表する選手となる山本浩二も、衣笠祥雄も、あるいは若松勉も松岡弘も、自身の成績を残すことはできても、勝利の美酒を味わったことがなかった。

人間というのはよくできたもので、悔しい思い、辛い経験を続けているうちに、少しでも心理的負担を軽減するために「負けた悔しさ」がマヒしてくるものらしい。しかし、内面には確実に「今日も勝てないだろうな」「また負けるのだろうな」というネガティブな思いが蓄積され、やがてそれは意識下に沈殿する。

それがいわゆる「負け犬根性」であり、「負けグセ」と呼ばれるものの正体である。

スワローズ監督に就任したときに、真っ先に腐心したのが、この「ジャイアンツコンプレックスの払拭」だった。私は事あるごとに、選手たちに対して「巨人はたいしたことがない」と言い続けた。

言葉だけではない。1978年に、球団初となるアメリカ・アリゾナ州ユマでキャンプを行ったのは、「オレたちはメジャーリーガーと一緒に練習したのだ」という自尊心を持ってほしいという願いからだった。

私の申し出に対して、松園尚巳オーナーは「海外でキャンプをするならブラジルはどうだ？」と言った。確か、ブラジルにヤクルト工場があったため、その視察、慰問を兼ねたいという意向だったはずだ。

しかし、もちろん私は断った。私は「海外でキャンプがしたい」と願ったのではない。あくまでも「メジャーリーガーと練習がしたい」と考えたのだ。

それによって、「オレたちが目指すのはジャイアンツじゃない」とか、「オレたちはジャイアンツ以上の高度な練習をしているのだ」という自信と勇気を、選手たちに根づかせたかったのだ。

## 「強すぎて憎らしいジャイアンツ」の復権を

ジャイアンツコンプレックス払拭の話題を続けたい。

アメリカ・ユマキャンプの効果はてきめんだった。サンディエゴ・パドレスとの合同練習においてて、選手たちはみるみるうちにたくましく成長したのだ。

技術に関しては、短期間で急激な成長が期待できるものではない。選手たちが大きく変わったのは精神面であり、それは私の期待以上の成果だった。

さらに、この年からは森昌彦（現・祇晶）をバッテリー作戦コーチとして招聘していた。彼は川上哲治監督時代の正捕手であり、V9戦士の1人として、ジャイアンツの裏も表も知り抜いている。当時の長嶋茂雄監督ともチームメイトだったし、当時はまだ現役だった王貞治、柴田勲、高田繁、堀内恒夫らとも同じ釜の飯を食った間柄でもある。

その彼が、ミーティングにおいて「今のジャイアンツはたいしたことがない」とか、「昔のV9選手たちはみんな高齢化して、往時の面影はない」など、何度も何度も繰り返し述べていた。言い方は悪いが、それは「洗脳」と言ってもいいほどだった。

初めは半信半疑で聞いていた選手たちも、次第に「オレたちはやれるぞ」「オレたちの方が強いんだ」という自信が芽生えてくるようになった。

そしてそれは、実際の対戦成績にも表れる。

1977年……1位・巨人、2位・ヤクルト（対戦成績7勝19敗）
1978年……1位・ヤクルト、2位・巨人（対戦成績10勝9敗7分）

1977年シーズン、スワローズは2位に躍進したものの、首位ジャイアンツとのゲーム差は15ゲームも離されていた。直接対決で12個の借金を背負ってしまったのだから、それも当然の結果である。

しかし、「ジャイアンツコンプレックス払拭」を掲げ、ユマキャンプを経て臨んだ1978年シーズン、ついにスワローズは創立29年目に待望のリーグ初制覇を果たし、日本シリーズでは阪急ブレーブスを破って日本一に輝いた。

前年、大きく負け越したジャイアンツを相手にわずか1勝とはいえ勝ち越すことに成功し、ゲーム差3で逃げ切ったのである。

私と森の執念は、ここに結実したのだった。

翻って、現在のジャイアンツはどうか？

「打倒ジャイアンツ」を旗印にしているチームがあるだろうか？

原監督最終年となった2023年の対戦成績を見てほしい。優勝したタイガースとは6勝18敗1分、2位のカープとは8勝17敗と大きく負け越している。これでは優勝などできるはずがない。「ジャイアンツコンプレックス」どころか、いいようにカモにされているのである。

こうした点にも、「ジャイアンツブランドの凋落《ちょうらく》」が感じられる。阿部新監督には、かつてのような「強すぎて憎らしいジャイアンツ」の構築も期待している。

## 「折れた大黒柱」菅野智之の復活が優勝のカギに

2022年9月、私は『巨人が勝てない7つの理由　プロ野球が危ない！』（幻冬舎）という本を出版した。

その中で、現在のジャイアンツが抱える「勝てない7つの理由」を挙げた。

**1. 若手を育てられない原巨人**
**2. 2年連続二冠王も3割が打てない岡本和真**
**3. 坂本勇人の相次ぐ故障は練習不足と体力減退が原因**
**4. 折れた大黒柱・菅野智之の誤算**
**5. 不安が現実になった〝桑田投手陣〟の崩壊**
**6. 中田翔の巨人入りでわかったこと**
**7. 炭谷銀仁朗のトレードが象徴する金権野球の破綻**

本書の第1章で詳しく述べたように、残念ながらここで挙げた「7つの理由」は何も改善されることなく、ただいたずらに時間だけが過ぎ去ってしまった。

「6」に挙げた中田翔は2024年からはドラゴンズへ移籍し、「7」の炭谷銀仁朗は、東北楽天ゴールデンイーグルスに移籍後、2024年からは古巣の埼玉西武ライオンズに復帰することになった。

さて本項では、ここまであまり触れてこなかった「4．菅野智之」について言及したい。2022年、2023年と、チームは2年連続Bクラスに沈んだ。そこから優勝を目指す上で、投手陣の再建は阿部ジャイアンツにおいて喫緊の課題である。

幸いにして、現在のジャイアンツには有望な若手投手陣がそろっている。2023年シーズン、12勝を記録した戸郷翔征を筆頭に、10勝の山﨑伊織、わずか5勝に終わったものの潜在能力の高さを感じさせる赤星優志は、今後のさらなる飛躍が大いに期待できる。故障のために育成枠となってしまったものの、2022年7月に支配下復帰を果たした井上温大もなかなかいいものを持っている。

問題は菅野智之だ。2023年シーズンはわずか14試合の登板で4勝8敗。私が「折れた大黒柱」と嘆くのもご理解いただけるだろう。

2021年には8億円だった推定年俸は、翌2022年には6億円となり、さらにその翌年には5億円、そして2024年シーズンは4億円で迎えることになった。3年連続で1億円超の減俸というのはNPB初のワースト記録であるという。それでも、私に言わせれば、わずか14試合の登板で77・2イニングしか投げていない投手に4億円も支払う球団にも問題がある。

菅野はポスティングシステムを利用したメジャーリーグ移籍を目指していたものの、条件面で折り合いがつかずにジャイアンツに残留を決めた。これは、本人にとっても、球団にとっても正しい選択だったと思う。

2024年春季キャンプでキャッチボールする菅野智之

そもそも菅野は、ファイターズからのドラフト1位指名を断り、翌年のドラフト会議でジャイアンツに入団したという経緯がある。それほどまでに憧れて入団したチームを袖にしてまでアメリカに行きたいという了見が理解できない。

ここ数年の菅野は明らかに太りすぎ

ていた。あの体型では下半身の粘りは期待できず、どうしても上体だけで投げざるを得なくなる。

2023年オフのハワイ自主トレ出発前には、「自主トレでは徹底的に走り込む」とランニング量を増やすことを宣言していた。なるほど、確かに春季キャンプで見た限りでは、前年までと比べて少しスリムになってコンディションはいいように見える。次世代を担う若き投手たちに範を見せることも菅野の役割だ。

2024年、タイガース追撃は菅野の右腕にかかっている。そして、菅野の復活はつまり阿部政権の命運も担っているのである。

## 「打者主体」から「投手主体」のチーム作り

阿部新監督誕生と軌を一にするように、2024年のジャイアンツはそれまでとは異なる編成方針に舵を切ったように思われる。

原が退陣した2023年オフ、他球団から獲得した主な選手は次の通りだ。

高橋礼、泉圭輔（ホークス）
馬場皐輔、ケラー（タイガース）
近藤大亮（バファローズ）

見事に投手ばかりである。ドラフトでは中央大学の西舘勇陽を1位指名し、春季キャンプ、オープン戦を通じて非凡な才能を発揮している。

若くて有望な投手陣がそろいつつある。菅野がまだ健在のうちに、他球団からの即戦力投手でしのぎつつ、生え抜き投手の台頭を待つのであろう。

その一方で、中田翔や中島宏之、アダム・ウォーカーが退団している。

明らかに「打者主体」から「投手主体」にチームカラーを変えようとしている。つまり阿部新監督は、明確に「原時代からの脱却」を目指しているのだ。

そしてそれは、正しい決断である。

何度も言うように、野球は投手力が7割以上を占めている。勝つ確率を高めるためには、投手陣を整備して守備力を強化しなければならない。フロント主導によるものなのか、それとも新監督の意向なのかは定かではないが、仮に阿部の希望が反映されているのであれば、大打者でありながらキャッチャー出身の阿部ならではの見識であると言えよう。

監督就任直後の時間のない中でここまで変えた。間違いなく、今後数年かけて、この路線をさらに推し進めていくことになるだろう。ここから、チーム方針が二転三転するようなことがあってはならない。ようやく、大局観に立ったチーム作りが完成するのではないかと、私は期待している。

## 若手投手の育成の前に、まずは「正捕手」を育てよ！

原監督時代の負の遺産として、現在のジャイアンツには「正捕手不在」という大きな課題がある。ここ数年は大城卓三がその座に就いている。もちろん、侍ジャパンにも選出されWBCにも出場した大城も、彼なりに頑張っているとは思う。

しかし、ここ数年ジャイアンツの投手陣がなかなか思うような成績を残せず、望むような成長を見せていないのはキャッチャーにも理由がある。

原監督は「打撃がいい」という理由で大城の起用を続けていたが、ときおり岸田行倫にマスクを被らせていた。自軍投手との相性のよさを考慮したのか、それとも、打撃面において相手先発投手との相性を優先したのかはわからないが、そこには「何としてでも正捕手を育てよう」という気概が微塵も感じられなかった。

本来ならば、小林誠司が「ジャイアンツの正捕手」という重責を担うべき存在だったはずだ。目を見張るような強肩が武器で、盗塁阻止率も高かった。彼がマスクを被っているときには相手チームも盗塁を控えるようになる。盗塁企図数が減るだけでも、投手にとっては本当に心強い。

小林は社会人ナンバーワン捕手として大きな期待を寄せられていた。球団としても「ポスト阿部」の重要性を理解していたからこそ、2013年ドラフト1位で小林を指名したのだ。阿部も、「自分の後継者は小林だ」と考えていたのだろう。だからこそ、身銭を切って彼を自主トレに誘い、自ら英才教育を施していたのである。

しかし、彼はその期待に応えられなかった。プロ11年目となる2024年春季キャンプは二軍で過ごし、最終日には小林が手締めのあいさつを行ったという。このとき、彼は若手選手たちにこんなことを言った。

「桑田監督にはたくさん話をしていただき、その言葉を踏まえて東京に帰ってもしっかり自ら考え行動し、いつ（一軍に）呼ばれてもいい状態、悔いのない準備をして一軍で1人でも多く活躍できるように」

何とも情けない限りだ。はたして小林は、自分の置かれている立場を理解しているのだろうか？　若手にアドバイスを送っている場合ではないだろう。もはや後がない。死に物狂いでやるしかないのだ。

さらに小林は「絶対にやってやるんだという強い心を持って、これから1年間頑張っていきたいと思います」と語ったという。2024年こそ、その言葉の通り、「絶対にやってやるんだという強い心」で男の意地を見せてほしい。

V9時代には森昌彦（現・祇晶）という不動の司令塔がいた。21世紀に入ってからは阿部慎之助がスタメンマスクを被り続けた。

最近では投手との相性を重視してキャッチャー起用を考慮するケースが増えてきた。いわゆる「捕手併用制」もトレンド傾向にある。しかし、それでも私は「強いチームにはしっかりとした正捕手がいる」と訴えたい。

阿部ジャイアンツが常勝軍団となれるかどうか。それはすなわち「不動の正捕手を育てることができるかどうか」ということでもある。

## 「猛練習のジャイアンツ」を復活させよ！

2024年1月、沖縄で行われた自主トレにおいて、坂本勇人はソフトボールの元日本代表監督・宇津木妙子氏を招いたという。野球界以外の有識者を招いて、積極的に新しい知識を採り入れようと考えるのはいいことだ。

その際に宇津木氏のノックを受けてグロッキー状態になったという報道を見た。サードからショート、セカンド、ファーストと守備位置を変えながらノックの嵐を浴びたそうだ。このとき坂本は言った。

「女子ソフトボール選手は、これ以上の練習を続けていると聞きました。めちゃくちゃ疲れました」

何と情けない言葉であろうか。また、同行していたオコエ瑠偉に対して、宇津木氏は「お腹が出ていて太りすぎ。もっと締めないといけない」と言ったという。

これもまた、何とも屈辱的な言葉であろう。宇津木氏の言いたいことは私もよく理解できる。オコエの身体を見て、「本当に練習しているのだろうか?」と、率直な疑問を持ったに違いない。

アマチュアの人間に、そんなことを言われる時点でプロとして失格だ。恥ずかしいと思わなければならない。「めちゃくちゃ疲れました」などと、おどけている場合ではないのだ。

そもそも、現在の選手たちは圧倒的に練習量が不足している。前章でも述べたように「昭和時代の根性練習は時代遅れだ」という考えの下、最新の科学トレーニングを推し進めた結果、適度な練習で切り上げることを覚えてしまい、結果的にプロ選手に必要なスタミナを獲得することができなくなってしまったのだ。

スタミナがないから自分自身を追い込む練習ができず、疲れがたまりやすくなり、ふとしたことで故障してしまう……。そんな負のスパイラルに陥ってしまっているのも、当然のことである。


何かと否定されがちな「昭和根性野球」だが、限界の先まで自分を追い込んだときに初めて見ることができる景色は確かにある。私に関して言えば、早稲田大学時代に森徹監督の下で徹底的なノックの嵐を浴び続けたことが、確実に後にプロで活躍するための礎となった。

ジャイアンツに入団してからも、「何としてでもレギュラーになるんだ」という思いを胸に秘め、来る日も来る日も練習に励んだ。第4章で詳述するが、川上哲治さんからのイジメもあって、「絶対に川上さんを見返してやるんだ」という反発心が大きな原動力となったのも事実だ。

結果的にこうしたことがすべて自分にとっての血となり肉となり、プロでやっていく体力、気力を養うことになったのだ。

そしてそれは、決して私だけの出来事ではない。

V9時代のジャイアンツが強かったのは、チームの主軸であり、象徴でもあるON(王・長嶋)の2人が常に猛練習をしていたからだ。ランニングでも率先して先頭を走り、どんなに辛くても決してそんなそぶりを見せずにチームメイトを鼓舞していた。

そして、その源流は川上哲治さんにさかのぼる。川上さんは、少しでも不振に陥ると、徹底的にバッティング練習を行った。練習時間が限られている中、他選手の練習時間を奪ってまで、何度も何度もバットを振っていた。

それは明らかにエゴである。けれども、「ジャイアンツの四番打者」という重責を担う者にとって不可欠なものだったと思う。

強いジャイアンツの復活のためには、今こそ猛練習の復活を期待する。二軍監督時代に徹底的に選手を鍛え上げた阿部慎之助なら、きっとそれができるはずだ。

## 阿部慎之助よ、「野球以外の師」を持て！

現役時代には、「どうすればもっとうまくなるのか？」と考え続けてきた。監督就任後には、「どうすれば勝てるのか？」とずっと悩み続けてきた。それこそ、寝る間も惜しんで練習をし、寸暇を惜しんで作戦を考える日々を過ごしていた。

ある日、「野球というのはグラウンド内だけで行われるものではない」ということに気づいた。つまり、自分の視野が野球界だけにとどまってしまっていることに気がついたのだ。いわゆる「井の中の蛙大海を知らず」という状態だったのだ。

世の中には、さまざまな達人がいる。野球以外のスポーツはもちろん、経済界にも、芸能界にも、その道を究めた人はたくさんいる。そこで私は、積極的に「野球以外の師」を求めようと決めたのである。

その観点から考えれば、前項で述べたように坂本勇人が宇津木妙子氏にアドバイスを求めようと考えたのは立派な心掛けだと言えよう。

オフシーズンになると、私は積極的に自分の知らない世界に足を運んだ。こうして知り合ったのが中村天風師であり、藤平光一師であり、新田恭一師である。

それぞれの師に多くのことを教わったので、具体例を挙げればきりがないけれど、ここでは藤平光一さんとの思い出をご披露したい。心身統一合氣道の創始者である藤平先生は野球の専門家ではない。ある日、私は先生にこんな相談をした。

「ゲッツーのときに走者が邪魔で、スムーズにファーストに投げることができないんです……」

すると先生は事もなげに言った。

「お前は雨の日に車に乗ったときに、ワイパーを気にしながら運転をするのか？」

この言葉は目から鱗だった。

雨の日の運転においてワイパーは関係ない。気にすべきは、雨に濡れた道路状況であり、傘をさして視界が狭くなっている歩行者の存在である。ダブルプレーにおいても同様だ。走者を過剰に意識することなく、あくまでも確実な打球処理、丁寧な送球を強く意識した方がいい。

ちなみに、王貞治に一本足打法を勧めたのも藤平先生である。

一本足打法の生みの親とされる荒川博さんもまた藤平先生の教え子だった。「一本足打法」という前代未聞の挑戦をしていた荒川さんと王が、「元の二本足に戻すか、それともこのまま一本足で挑戦を続けるか？」と悩んでいた際に、「一本足で打ってみてはどうか」とアドバイスを与えたのである。こうした経緯もあって、王もまた藤平先生の教えを自身のプレーに貪欲に採り入れていた。

ちなみに、王はサインを求められると「氣力」と添え書きしているという。もちろん、藤平先生の「合氣道」で大切にしている「氣」である。

心身統一合氣道では「氣」がキーワードとなっている。相手が突きを放つとき、その拳だけに集中していたらやられてしまう。相手の氣を読み、「来るぞ」と心構えができれば、相手の突きをかわすことができるのだ。

もちろん、これは野球にも応用できる。バッターボックスから、相手ピッチャーの氣をとらえることができればスムーズな始動も可能となる。ボールだけに気を取られていてはダメなのである。

いささか昔話が長くなってしまったが、かつての一流選手たちはみな「野球以外の師」を持ち、そこから多くのことを学んでいた。最近の選手はＹｏｕＴｕｂｅを通じて、一流選手たちの考え方や練習方法を学んでいるという。それもまた殊勝な心掛けではあるだろう。しかし、それはあくまでも「野球から野球を学ぶ」という点において、「井の中の蛙」であることには変わりない。

一軍監督就任に向けて、順調なステップを踏んできた阿部慎之助であるが、「ぜひ彼にとっての人生の師と出会うことができれば」と切に願う。

我以外皆我師也――。

吉川英治氏の座右の銘を、阿部新監督にも贈りたい。

## 選手との間に一線を画す阿部監督の決意と覚悟

２０２４年、春季キャンプ、そしてオープン戦と「阿部ジャイアンツ」はなかなか見所が多い戦いを演じていた。

さらに、スポーツ新聞紙上をにぎわす「阿部談話」も、世間からの注目を集めた。特に若手選手に対しては、かなり辛辣な言葉を残している。もちろん、期待しているからこその愛のムチである。例えば、こんな具合だ。

沖縄で行われたファイターズとの練習試合において、フルカウントから死球を与えてしまった泉圭輔、そして田中千晴に対して、「スリーツーからデッドボールが２つもあったのでレベル低いなと思って」と一刀両断に切り捨てた。

タイガースとのオープン戦初戦で2ランホームランを打たれ、直後に四球を与えた赤星優志には、「相手もプロ野球ですから、打たれることはあると思う」と前置きしつつ、その四球に対して、次のように言った。

「ああいうところを僕は見ている。『もう一発打たれちゃえ』と思って投げられたのか、割り切って投げられたのかというところを僕は見ている。結果的に四球になると、『ああチビッたな』って言われちゃうだけ。『動揺しているな』と見られるだけだと思う」

あるいは、カープとのオープン戦において、9点リードの8回の場面でセーフティーバントの構えを見せた湯浅大、同じ試合において9回二死一塁でベースに張りついて投手のけん制を待ち、ベース後方に守備位置を取らなかった一塁・秋広優人に対しては、試合後にハッキリと言った。

「今日もね、2人ほどプロ野球を知らない選手がいたんだよね。自軍が大ケガをする恐れがある。10対1でセーフティーバントの構えをしたり、10対1で9回2アウトランナー一塁なのにファーストが後ろに行かなかったり。そういうところで、ベンチの指示待ちじゃなくてできるようになってほしい」

特に秋広に対しては、オフのイベントや球団行事に2度ほど遅刻したこともあり、1月下旬のキャンプメンバー発表の際には「最初は三軍にしようかなと思った」と話していた。その際には「技術がうまくなるのって難しいから、人としての成長を監視しています」と断じていた。さらに、2024年開幕時には、二軍行きを命じている。これは、二軍監督時代から手塩にかけてきた秋広に対する期待感の表れであろう。

なかには「わざわざメディアを通じて発言せずに、直接本人に言えばいいだろう」と考える向きもあるかもしれない。しかし、これはメディアを通じて発言することに意味があるのである。

いずれも、原監督時代にはあまり見られなかった発言である。これまで私が何度も述べてきたように、これは阿部が「監督と選手は立場が違うのだ」ということをきちんと理解している証拠である。

監督と選手は友だちではない。監督は選手に好かれる必要はない。監督はあくまでもチームを率いる指揮官であり、たとえ選手に嫌われたとしてもチームを勝利に導ければいいのだ。

勝てない名将など存在しない。今さら言うまでもないが、名将とは「勝てる監督」のことである。勝利のために、徹底的に非情になることができるかどうか？　残念ながら原は非情に徹し切ることができなかった。全権監督という立場にあぐらをかいて大事なところを見失ってしまっていた。

２０２４年、阿部新監督の1年目が始まる。

もちろん、順風満帆に進むはずもなく、いいときもわるいときも訪れることだろう。

しかし、それでも正しいことを正しくやっていれば、道を大きく踏み外すことはない。何度も言っているように、私は阿部には期待している。それは、彼が正しいこと正しい手順でやっているからだ。

彼がどんな采配を見せるのか？　私は、期待とともに見守りたい。

第3章

# 勝てる監督は何が違うのか？

## 2023年、タイガース日本一について思うこと

2023(令和5)年は阪神タイガース一色のシーズンとなった。

この年から岡田彰布が監督に復帰、決して「優勝」と言わず「アレ」と言い続けて、1985(昭和60)年以来となる、38年ぶりの日本一に輝いた。

優勝の要因はいろいろあるが、これまで述べてきたように原辰徳監督率いる読売ジャイアンツがチームとしての体を成していなかったこと。2021年、2022年と連覇をしていた高津臣吾監督率いる東京ヤクルトスワローズが、村上宗隆、山田哲人の不振によってチームとして機能しなかったこと……。

他球団がだらしなかったことも大きな理由ではあるが、それでもタイガースは堂々たる戦いぶりを見せつけた。

この年の開幕前、私はタイガースの優勝を予想していた。

その理由は、圧倒的な投手力など、戦力が充実していたことも挙げられるけれど、

2024年3月、絵馬に「連覇」と記して願掛けする岡田彰布監督。その野望は果たされるか

最大の要因は岡田采配を評価していたからである。

現役引退後、すぐにオリックス・バファローズのファームでコーチに就任し、その後はタイガースで二軍監督も務めた。着実に指導者としてのステップを踏んだ上で、満を持して一軍監督に就任したのだ。

２００４（平成16）年から２００８年まで5年間タイガースの指揮を執り、初年度こそ4位だったものの、以降は1位、２位、3位、２位と、ある程度の結果を残している。このときＪＦＫ（ジェフ・ウイリアムス、藤川球児、久保田智之）を確立するなど、優れた選手起用が注目を浴びた。

さらに2010年から3年間はバファローズの監督も務めた。このときは5位、4位、6位と満足な成績を残すことができなかったが、結果的にこの3年間こそ岡田にとっていい勉強をした時期となった。

評論家としてバファローズキャンプを訪れたときのことだ。私は、岡田がほとんどブルペンに足を運んでいないことが気になった。そこで彼に、こんなことを言った。

「野球は点をやらなければ勝てる。野球の7割は投手が握っている。なぜ、一番重要なブルペンを熱心に見ないのか？」

私の忠告を受けて、それ以降の岡田は足しげくブルペンに通うようになり、タイガース監督復帰後も「投手力強化を主眼に置いている」といった発言が目立つようになっていた。早稲田大学の後輩だから褒めるわけではないが、なかなか素直で見所がある男である。

元々、リーグ有数の投手力を誇っていたが、現役ドラフトで福岡ソフトバンクホークスから獲得した大竹耕太郎が12勝2敗という圧倒的な成績を残し、前年までプロ未勝利だった村上頌樹が10勝6敗で新人王のみならず、最優秀防御率、さらにはMVP

まで獲得する大きな飛躍を見せた。

これでは、なかなか他球団も攻略の糸口を見つけることができなかった。

やはり、野球は投手力なのである。


岡田のことを「なかなかやるな」と思ったのが、就任早々、「佐藤輝明はサードで固定する」と宣言し、同時に「中野拓夢はセカンドで起用する」と表明したことだ。

私はかねてから「佐藤はサードで起用すべきだ」と訴え続けてきた。ルーキー時代から外野を守っていたが、チーム事情でたまにサードを守る際には、ファーストに目の覚めるような送球を披露して、サードとして非凡な能力を見せていた。

岡田もまた同じことを考えていたのだろう。また、評論家時代からすでに「もしも自分が監督となったら……」と、実戦に即したシミュレーションを行っていたのだろう。監督就任後すぐに「佐藤はサードで固定する」と発言したときには、「なかなかわかっているな」と思った。

ショートを守っていた中野の場合は、肩に難がある。送球に自信がないから浅めに守ってヒットゾーンを広げてしまう。ならば、一塁への距離が近いセカンドを守らせた方がいい。理にかなった考えである。

そして、サードに固定された佐藤は、私の想像通りのプレーを見せ、試合経験を積むごとに上達している。ただ、シーズン後半くらいからは悪い意味での「慣れ」が感じられ、プレーが軽くなっているのが目立つようになった。まだまだ勉強の余地はあるが、及第点を与えてもいいだろう。

また、シーズンを通じて「一番・近本光司、二番・中野、四番・大山悠輔、八番・木浪聖也」が固定されていた点もよかった。第4章で詳述するが、私は日替わり打線を好まない。監督名を冠した、いわゆる「〇〇マジック」も好まない。

相手チームから見れば、かつてのV9時代のジャイアンツのように、不動のメンバーでデンと構えられた方がずっと嫌だからである。「相手の嫌がることをする」という当たり前のことを忘れてしまっている監督が多い中で、岡田の考え方には私も賛同する。「多少、調子が悪くても、四番は絶対に代えない」という覚悟が感じられる。

野球にマジックなどない。正しいことを正しく追求するだけだ。

その点、決して奇をてらったことをするのではなく、愚直に正しいことをやろうとしている岡田には好感が持てる。2024年時点の現役12球団監督の中では、私はジャイアンツの阿部とともに岡田を支持したい。決してラクをしようとせず、「正しいことをやれば必ず勝てる」ということを改めて証明してくれたからだ。

阿部慎之助率いる読売ジャイアンツが覇権奪回を目指す上で、最大のライバルと目されるのがタイガースであろう。2023年は6勝18敗1分と大きく負け越した。苦手チームを作っていては、優勝はおぼつかない。

阿部が岡田に対して、どのようなスタイルで臨むのか？　大いに注目したい。

## 打撃、守備、メンタルと非凡な才を持つ佐藤輝明

前項で佐藤輝明のスローイングについて述べた。

あれはルーキーイヤーの2021年のことだったと思うが、レギュラー選手の大山

悠輔が欠場した際に、佐藤がサードを守ることになった。「はたして、どの程度の守備力なのだろう?」と注目していて驚いた。

回転のいいボールを矢のような送球で一塁に投じていたのである。あれは印象的な場面だった。私たちが現役時代のレギュラー選手であれば当たり前の送球ではあったが、現在ではほとんど見ることがなかっただけに、「なかなかいいボールを放るではないか」とうなってしまった。

このとき私は「佐藤はサードで使うべきだ」と確信した。少なくとも外野を守らせたり、サードで起用したり、「決してユーティリティプレイヤーとして便利屋のように扱ってはならない」と感じたものだ。大山にしても、佐藤にしても、チームの主軸となるバッターにはそれなりの敬意を持って接しなければならない。

そして岡田は、言葉こそ厳しいものの、両者に対しては中心選手としての敬意を忘れていない。その点だけでも、岡田監督を評価できる。

なおも、佐藤輝明の話を続けたい。

サードからの送球にも非凡さをのぞかせたが、やはり彼の最大の魅力はバッティングだ。彼の場合は空振りが多く、読みが外れると腰が引けた不格好なスイングを喫してしまい、そのために三振が多いことが難点ではあるが、「当たったらホームラン」という長打力は何物にも代えがたい魅力だ。

こすったような当たりでも、レフトスタンドに運ぶことができるバッターは数少ない。多くの指導者が誤解しているが、それは腕力があるから可能となるのではない。佐藤がそれを可能としているのは臍下《せいか》（下腹）の一点に氣を鎮めることができるからだ。つまり、腰を中心とした軸を作って、クルリと回転してスイングしているのだ。

それはまさに、私が師事している藤平光一先生の教えであり、王貞治をはじめとする歴代の一流打者に共通する打ち方である。

だから、少々体勢を崩されたとしても打球はグングン飛んでいく。投手からすれば「打ち取った」と思った打球がスタンドインするのだからたまったものではない。

さらに佐藤の場合は、勝気な面構えもなかなかいい。

ある日の試合、チャンスの場面で凡打に終わったとき、佐藤はベンチ内でバットを叩きつけて悔しさをあらわにしたことがある。

私が感心したのは、決してファンの前でそのような情けない姿を見せたのではなく、ベンチに戻ってから感情を爆発させたことだ。ファンの目を意識した「見せるための悔しさ」ではなく、心からの悔しさだったからだ。

プロの世界で生き抜いていくことのできる実力がある。守備も打撃も非凡な能力があり、強気な性格もいい。「タイガースの浮沈は、佐藤を一人前に育てることができるかどうか」だと、私は見ていた。

彼の本来の能力からすればまだまだ物足りなさは感じるが、プロ入りから4年が経過し、チームを背負って立つ選手となるべく、ここまで順調に推移していると言えよう。佐藤はまだまだ伸びる。

## 指導経験ゼロの新井貴浩がすぐに結果を残せるはずがない

同じく2023年に広島東洋カープの監督に就任した新井貴浩は、まだまだ勉強が必要だろう。監督初年度は2位となったが、首位のタイガースとは11・5ゲーム差も広げられ、タイガースとの直接対決では9勝15敗1分と大きく負け越している。

しかし、今はそれでいいと思う。監督初年度を経験し、自分に足りないこと、学ぶべきことの多さに気がついたはずだ。ここで大切なのはフロントもファンも、すぐに結果を求めるのではなく、長い目で見守ってやる姿勢である。

新井はコーチ経験もないまま一軍監督となった。それでいきなり優勝するはずがないし、仮にそんなことになったら、「他球団の監督は何をしていたのだ」と、世間からプロ野球の世界もずいぶん甘く見られてしまうことだろう。

もちろん、本人もその点はハッキリと自覚しているようで、わからないことは「わからない」と言い、鋭い質問に対しては「今はまだわからない」と素直に口にできる就任会見での真摯なやり取りは見ていて好感を持った。

作戦面では藤井彰人ヘッドコーチの存在が大きいようだ。監督とは孤独な役割である。私における森昌彦（現・祇晶）であり、タイガース・岡田監督における平田勝男ヘッドコーチのように、信頼できる腹心を持つことが重要だ。

カープというチームは伝統的に真面目でいい選手が多い。秋季、そして春季キャンプにおいても、かつてのカープらしさを感じさせる厳しい練習を課していた。かつて自分が経験してきたように、カープのいい伝統である厳しい練習は徹底的にやるべきだろう。ただ、彼のように心根が優しい人物が監督となった場合、せっかくの選手の能力をスポイルしてしまうことも往々にしてあるので注意が必要だ。

監督初年度となった2023年シーズン、ベンチ内でほほ笑む新井の姿を何度も見た。チームが勝利すると飛び上がって喜び、選手よりも感情を爆発させていたが、これだけ緊張感のない指揮官も珍しい。新井に足りないのは、選手を叱咤する厳しさであり、「何としてでも相手を倒すんだ」という気迫である。

2021年、そして翌2022年とセ・リーグを制覇したのが東京ヤクルトスワローズ監督・高津臣吾だ。

私もスワローズを指揮した経験があったし、私と同じ広島県出身ということもあって、高津のことは陰ながら応援をしている。監督就任初年度は最下位となった。しかし、就任2年目には日本一となり、正力松太郎賞を受賞。翌年は日本シリーズでバファローズに敗れて苦杯を嘗めた。そして2023年は主軸となる村上宗隆、山田哲人が相次いで不振を極め、頼みの中継ぎ陣も崩壊して5位に沈んでいる。

彼が監督に就任してからの4年間のチーム成績は「6位、1位（日本一）、1位、5位」となっている。この結果を見てもわかるように、スワローズにはまだ本物の実力が備わっていない。最下位から優勝できたのはセ・リーグの他のチームがだらしなかったからに過ぎない。

正力賞を受賞した際に、髙津は「選手のおかげ」と感謝の言葉を述べた。もちろん、選手たちを労《ねぎら》う意味での発言だったとは思うが、内心では「オレのおかげだ」と、少々傲岸不遜でも構わないから、それぐらいの自負心は持つべきだろう。

リーグ2連覇を果たしたのに再び5位となったのは、村上や山田を支える他の選手が台頭せず、期せずして選手層の薄さを露呈してしまったからだ。長年にわたって「先発投手陣が課題だ」と言われながら、根本的な改善がなされていないのは、監督個人のせいではなく、大局観を持ったフロントがいないことの証明でもある。

オーナー以下、フロントが一丸となってチームを支える気概を持たねばならない。スワローズが真の意味で常勝軍団となるには、まだまだ時間がかかりそうだ。

横浜DeNAベイスターズ・三浦大輔が監督に就任したのは2021年シーズンのことだった。現役時代の2014年から一軍投手コーチを兼任し、引退後には評論家活動を経て、2019年には一軍投手コーチに復帰。翌2020年は二軍監督となり、その翌年に一軍監督に就任した。

いささか駆け足ではあるものの、それなりに手順を踏んだ上での監督就任である。この間、キッチリと指揮官としての勉強は積んだはずだ。生え抜き選手として、チームの気風も理解している。就任以来の成績は「6位、2位、3位」となっており、一応の及第点は与えられるだろう。

私が気に入らなかったのは、佐野恵太をずっと一番で起用し続けていたことだ。彼はヒットも打てるし、長打も期待できる。一番に置くべきバッターではない。

しかし、2024年からは期待のルーキー・度会隆輝が加わり、彼が一番として機能することとなれば、佐野をクリーンアップに置くことができて、相手にとってはイヤらしい打線となるはずだ。

ルーキーがいきなり活躍できるほどプロの世界は甘くない。それでも、ベイスターズにとってはいいドラフトだったのではないだろうか。

それにしても、2位に終わった2022年シーズン、ここで優勝できなかったのは返す返すももったいない。

コロナ禍による選手たちの大量離脱によってヨレヨレとなっていた首位のスワローズをとらえ切ることができず、無念の涙を呑んでしまった。翌2023年も同様だ。今永昇太、トレバー・バウアーという投手陣の軸がありながら勝ち切ることができなかった。

「ここぞ」というときに集中力を発揮できず、競り勝つことができないのは、選手たちに緊迫した場面を乗り越えた経験がないからである。

## ドラゴンズ・立浪和義監督には失望した

さて、セ・リーグ最後は中日ドラゴンズである。

2024年、立浪和義監督は就任3年目を迎える。過去2年は、いずれも最下位に沈んでいるが、この間、何も見るべき点がなかった。一体、立浪は何をしたかったのかが、まったく見えてこなかった。私に言わせれば「何の収穫もない不毛な2年間だった」と断ぜざるを得ない。

実は私は、彼が監督に就任した際に、「新しい野球が見られるかもしれない」と、ひそかに期待していた。ドラゴンズには石川昂弥や岡林勇希など、若くて能力のある選手が多い。「すぐに優勝せよ」とは言わない。まずは若手をきちんと育て、これまでのようにダヤン・ビシエド一人を頼りとする「外国人選手頼み」を即刻返上すべきだと考えていた。

しかし、過去2年の立浪采配では、そのような姿勢は見られなかった。

立浪監督になって、岡林は試合に出続けることでかなりプロ選手らしくなった。2022年に最多安打のタイトルを獲得し、翌年はフルイニング出場を果たし、不動の一番打者に成長した。これは立浪の功績であろう。

また、就任2年目となる2023年には、現役ドラフトでベイスターズから加入した細川成也を辛抱強く使い続け、ようやく才能が開花するきっかけを作ったことも立浪のおかげだ。

しかし、その一方では、根尾昂を投手で起用するのか、あるいは野手にするのか、定見が感じられないまま、ドタバタ劇の末に投手に専念させることとなった。入団当初から綿密なプランを立てて大谷翔平の二刀流を後押しした北海道日本ハムファイターズとは大違いである。

2023年は、オルランド・カリステ、アリスティデス・アキーノを獲得。さらに、かつて在籍していたソイロ・アルモンテが3年ぶりに復帰した。結局は「外国人頼み」だったのである。そして、彼らは完全な期待外れに終わり、2年連続で最下位となってしまった。

この傾向は２０２４年も変わっていない。

２０２４年は、ジャイアンツから中田翔、中島宏之を獲得した。中田は35歳、中島は42歳になる。ともに故障がちで、選手としてのピークはとっくに過ぎている。何度も言うが、人間は自然の摂理から逃れることは決してできない。年齢を重ねていけば、体力が落ちていくのは当然のことである。そんな選手にチームの浮沈を委ねてはいけない。

中島は代打での起用が多くなるだろうが、中田は主力選手としてクリーンアップを任されることになりそうだ。なぜ、中田はジャイアンツから自由契約となったのか？

まだまだ活躍できる選手をそう簡単にリリースすることがあるだろうか？　考えるまでもないだろう。

中田はハムストリングスに爆弾を抱えている。あの体型を見ればわかるように、キャンプで十分に練習を積んでいないのだろう。しかるべきことをやっていなければ、必ずそのツケはやってくる。そこで、責任を他人に転嫁しているようではダメだ。すべての原因は自分にある。中田は、はたしてそう考えることができるだろうか？

そんな中田や中島に頼るしかないのが、現在のドラゴンズである。3年も監督職にありながら、事態は好転の兆しすらない。一体、これまでの時間は何だったのか？　同じことを同じようにやり、同じ失敗を繰り返す。本来ならば、正しい努力をしていれば、人間とは必ず進歩する生き物である。同じ失敗を繰り返すということは、原点に立ち返って、改めて一から原因を探求する必要があるはずだ。

ドラゴンズは、なるべくして最下位となっている。

フロントも現場も、やっていることが最下位だから最下位なのだ。PL学園で鍛えられ、現役時代は自らを律してプレーしてきた立浪だからこそ、「ぬるま湯体質に慣れ切ってしまっているドラゴンズに新しい風をもたらしてくれるのではないか」と期待していたが、今のところはそんな兆しすら感じられない。

## 「令和の米騒動」について思うこと

2023年シーズン、マスコミ報道で「令和の米騒動」と呼ばれる一件が大々的に報じられた。立浪の指示によって試合前の米食が禁じられたということで、マスコミがそれを面白おかしく「米騒動」と騒いだのである。

夏場を迎えて調子を落としていた細川に対して、「試合前に食べすぎるな」と注意したことが発端だったという。試合前のクラブハウスから炊飯器は撤去されたものの、おにぎりは自由に食べることができる。立浪自身は「試合前に腹いっぱい食べて、いいパフォーマンスが発揮できるはずがない」と語っているが、何も間違ったことは言っていない。

私が監督だった頃も、選手たちの食事や栄養面に関して、事細かくアドバイスをした。それを称して「管理野球」と揶揄されたこともあったが、私は何も動じなかった。自分が正しいと信じたことであれば、周囲が何と言おうとも動じることなく、堂々としていればいい。

折しも、選手たちの自主性を尊重する慶應義塾高校の「のびのび野球」が世間の注目を集めていた頃だっただけに、立浪によるトップダウン型の指導が「時代錯誤だ」とか「監督の強権発動だ」と悪目立ちしてしまったのであろう。

私がスワローズのときも、ライオンズ時代もそうだったが、選手たちの意識改革を促すためには、私生活にまで干渉する必要があった。それぐらい、プロとしての自覚に欠けていたからだ。本来であれば、監督から何も言われなくても、個々の選手たちがそれぞれプロ意識を持って自発的に自己管理を徹底するのが理想である。

けれども、長年にわたって下位に低迷しているチームの場合、そうした手本が身近にないため、どうしても指導者による厳しい管理が必要になってくる。

現在のドラゴンズには決定的に、そのプロ意識が欠けている。立浪がやるべきことは多い。過ぎ去ってしまった2年間はもう取り戻すことはできない。

「令和の米騒動」に象徴されるように、彼が過去2年で取り組んできたことが、そろそろチームに定着してもいい頃だとは思う。しかし、キャンプやオープン戦を見る限りでは、チームが上昇する萌芽はまだ見えない。それが私の偽らざる率直な思いである。2024年オープン戦では首位になったが、まったく楽観はできない。

## 新庄剛志はバカではない

第1章では、ジャイアンツ・原辰徳監督の功罪について言及した。パ・リーグにおいては、北海道日本ハムファイターズの「ビッグボス」こと、新庄剛志の言動が注目を集めている。彼もまた功罪が相半ばする監督である。

何しろ、2021年オフに行われた監督就任会見において、ド派手なスーツに身を包み、「優勝なんか、一切目指しません」と高らかに宣言したのである。

世間はこの発言に驚いたようだが、私は「おっ」と感じた。物事には順序がある。正しい手順を踏まずして、望んでいるものを手に入れることはできない。前任の栗山英樹監督が残した戦力では優勝は難しい。新庄の頭の中には「このチームは1年では優勝できない」という思いがあったのだろう。

心にもないのに「絶対に優勝します」と宣言するのではなく、「優勝は一切考えていない」と口にしたのは、現実に即した発言であり、「物事には順序がある」とわかっていたのではないだろうか？　このことをきちんと理解した上で発言したのならば、なかなかたいしたものである。

2024年2月、DeNAとのオープン戦で試合を見詰める日本ハムの新庄剛志監督

また、新庄の体つきを見ればわかるように、50代を過ぎてもあの体型を維持しているということは、きちんとトレーニングを積んでいる証拠である。選手たちに「最近はダボダボのユニフォームが流行しているけれど、もっときちんと着こなせ」と命じた点も評価できる。

40代後半になって「今から現役復帰を目指す」と宣言したときには、「野球をなめるな」と腹が立ったものだが、指導者となれば話は別だ。

最近では、常にベンチで腕を組み、戦況をじっと見守っている監督が一般的だ。しかし、試合でも練習でも、常に選手と一緒になって動くことのできる指導者でなければならない。その点、新庄は選手と一緒に練習に取り組み、手本を見せることができる。キャンプでも一カ所にとどまることはせず、積極的に動き回っていろいろな場所から選手たちに厳しい視線を送っていた。

この姿勢があれば、口先だけの「ハウ・トゥ・セイ」ではなく、実際に手本を見せて「ハウ・トゥ・ドゥ」を教えることができる。

入団以来、なかなか才能を開花できない清宮幸太郎に対して、「痩せた方がいい」と助言したのもよかった。本人は「体重を落としたら飛距離が伸びない」と考えていたようだが、新庄の言う通り、「今だって伸びていないじゃん」というのが現実なのだ。そもそも清宮は技術的に未完成だ。闇雲に体重を増やせば身体のキレも悪くなり、確実性もますます落ちるだろう。

まずは「動ける身体」を手に入れ、反復練習によって技術を磨き、そこからウエイトのことを考えるべきである。やはり、物事には順序があるのだ。そして清宮は新庄の言いつけを守り、9キロのダイエットを行った。

就任早々の秋季キャンプでは選手間で守備位置を入れ替えてシートノックを行った。内野手が外野を守り、外野手が内野を守ることで、普段の練習では気づかない発見がある。そして、それぞれの立場を思いやることもできる。

突飛な言動ばかり注目されているが、実は新庄はいろいろなことを考えているのである。ここまで述べたように、就任直後から、新庄が取り組んでいるさまざまな施策にはきちんとした根拠があった。だからこそ、「なかなかやるわい」という思いで、好意的に彼のことを見ていたのだ。

一見するとでたらめに見えるが、彼は実はバカではない。

## 誰にでも頭を下げることのできる「新庄流」

就任1年目の秋季キャンプ、あるいは春季キャンプ、オープン戦では、さまざまな「新庄流指導」が発揮された。

ハンマー投げの金メダリストでスポーツ庁長官の室伏広治氏を臨時コーチとして迎えたこともそうである。現在はメジャーリーガーとなった吉田正尚も室伏氏に師事して、肉体改造に取り組んでいるという。

私としては、パワーアップのために筋力をつけることは理解できるが、それが本当に野球に適した筋肉なのかどうかは、新庄を含めた指導者たちがきちんと見極めることが大切であると考えている。その内容はともかくとして、かつての私がそうだったように異業種、異ジャンルの達人に教えを請うことは重要である。

ドラゴンズとの練習試合では、新庄自ら立浪和義監督に頼んで、清宮の打撃指導を求めた。自分でできないことは、できる人に頼めばいい。こんな簡単なことができない人間が多い中で、新庄は何のためらいもなく他人に頭を下げることができる。
彼のフットワークの軽さは、指導者としての大きな武器となるだろう。

就任直後のオープン戦を見ていて驚いたのが、外野手から内野手への返球の際に、強くて低い軌道のボールを投げる選手が増えていたことである。就任直後に、自ら車の上に乗ってバットを差し出して「この高さより低く投げなさい」と指示していたことが、早くも実戦で披露されていたのだ。

現役時代の新庄は、強肩を誇り、外野からの矢のような送球が売り物だった。もちろん、人によって肩の強い、弱いはある。けれども、たとえ肩が弱くても、「強く低く投げよう」と心がけることは誰でもできる。その意識があるだけでも、相手チームに与えるプレッシャーは大きくなる。

私はスワローズ監督時代、若松勉をレフトからセンターへコンバートした。本人は肩に自信がなく、「自分はレフトの方が向いている」と反発した。

それでも、チーム編成上、若松をセンターにする必要があった。そこで私は、「もしも肩に自信がないのならば、それを補うべく捕球の際には猛然とダッシュをして、モーションを小さく、強く低いボールをカットマンに投げるように心がければいい」とアドバイスをした。そして、セカンドベース上にネットを設置して、若松は何度も何度もダッシュを繰り返しながら強いボールを投げる練習をしていた。

若松のいいところは、指導者からの言葉を素直に受け入れて、必死に反復練習を行うところにある。その結果、1977年、1978年と2年連続でダイヤモンドグラブ賞（現・ゴールデングラブ賞）を獲得している。

正しい指示を与え、正しい練習をきちんと行えば、おのずと結果は出る。若松からも、いろいろなことを教わった。同様のことが新庄率いるファイターズでも実現した。時代が昭和から令和に変わろうとも、真実は不変なのである。

## 選手より目立ちたがる指導者などいない

しかし、新庄の「快進撃」もここまでだった。

いざ、ペナントレースが始まると苦しい日々が続いた。もちろん、就任直後から「優勝を目指さない」と発言していたように「1年目はじっくりと戦力を見極めつつ、若手選手を育てていこう」と目論んでいたのだから、いきなり結果は求めていなかったはずだ。

開幕からいきなり5連敗を喫したことで、前年オフから新庄一色だったマスコミは「やっぱりダメだったか」と揶揄する報道も目立った。

私自身としては、新庄の取り組みに対して好意的に見ていたが、開幕戦のセレモニーを見て唖然とした。報道によると7770万円の「空飛ぶバイク」で新庄は登場した。いかにも目立ちたがりの新庄らしいパフォーマンスではあるが、「さぁ、これから開幕戦だ」というときに、選手を差し置いて監督が目立ってどうするのだ？

監督でありながら「自分さえ目立てばいい」という考えが新庄にはある。それは指導者としては致命的な欠点だ。プロ野球の主役はあくまでも選手であり、監督ではない。第4章でも述べるが、監督が目立つ「○○野球」は邪道である。

そもそも、「空飛ぶバイク」を許可するコミッショナー、球団は、一体何を考えているのか？　球団は単に「話題になれば何でもいい」と考え、新庄は「目立てるのならば何でもいい」と考えている。つまり、球団と新庄の思惑が一致したのだ。

華やかにショーアップすることで、ファンの期待感は高まるかもしれない。しかし、それは決して野球の本質ではない。

そもそも、選手たちに対しては何と説明するのか？　私が選手だったら、「監督だけ目立ってどうするんだ」と鼻白んでいたことだろう。「選手不在」の監督など言語道断である。

就任1年目も、2年目も最下位に終わった。全球団に負け越し、完膚なきまでに打ちのめされた。フロントもファンも、もはや「新庄劇場」などと温かい目で見てはくれない。マスコミへの露出も減った。2024年シーズンは本当の意味で真価が問われる1年となる。

万波中正の台頭は著しい。加藤貴之が残留し、バファローズからは山﨑福也が加入した。それでも、他球団と比べれば戦力はまだまだ手薄だ。新庄にとっては、厳しい戦いが続くことだろう。

## 監督になるまでにいい勉強をした中嶋聡

2021年から2023年までパ・リーグを制し、2022年にはスワローズを撃破して日本一に輝いたのがオリックス・バファローズの中嶋聡監督だ。

現役時代には捕手として、阪急ブレーブスからスタートし、ライオンズ、ベイスターズ、ファイターズでマスクを被った。この間、山田久志から始まり、今井雄太郎、佐藤義則、あるいは松坂大輔、三浦大輔、さらにはダルビッシュ有、大谷翔平のボールを現役捕手として受け続けた。

現役引退後にはサンディエゴ・パドレスに派遣され、コーチとして、スカウトとして、アメリカの野球を肌で感じる機会に恵まれた。帰国後はファイターズで一軍バッテリー兼作戦コーチ、バファローズで二軍監督を務めた。その上で、前任者の途中退団を機に一軍監督となったのだ。

アメリカで野球を学び、複数の球団でコーチを経験した後に一軍監督に就任する。

彼もまた、私と同様のプロセスを踏んでいるが、指導者としては理想的なキャリアではないだろうか。そして、前述したように2021年から2023年までリーグ3連覇を実現。これはNPB監督としては史上11人目のことである。

中嶋采配のいいところは、新庄とは対照的に自らの感情を表に出すことはほとんどなく、常にどっしりと構えているところだ。ただ、選手起用に関してはメンバーを固定せず、次から次へと選手をとっかえひっかえしている印象はある。

けれども、日本一に輝いた2022年の日本シリーズでは、クローザーの平野佳寿が不調と見るや、シリーズ中にジェイコブ・ワゲスパックに抑えを託すなど、短期決戦に即した勝負強さを発揮した。なかなか勝負勘のある指揮官と言えよう。

彼に同情するのは、2022年オフには吉田正尚、翌2023年オフには山本由伸が、いずれも海を渡ってしまった点だ。投打の主軸が毎年のようにいなくなっては、チーム作りの土台が揺らぐ。一からチームを立て直す苦労は並大抵のものではない。

2024年はどのような戦いを見せるのか、私も注目している。

私の古巣である埼玉西武ライオンズの監督は松井稼頭央だ。

現役時代の松井は、身体能力に優れ、実にいい選手だった。成功を収めることはできなかったが、メジャーリーガーとしてアメリカの野球も体感している。

２０１９年から3年間は二軍監督を務め、２０２２年に辻発彦監督の下でヘッドコーチも歴任した後、２０２３年より一軍監督となった。彼の足跡を振り返ってみると、球団としても早くから「次期監督は松井に」と決めていたことがうかがえる。

就任1年目は、主砲の山川穂高がスキャンダル禍に見舞われ、ほとんど試合に出ることができなかったのが誤算だった。この年のオフ、山川がＦＡでホークスに移籍する。人的補償で和田毅を指名したものの、不透明なやり取りの末に甲斐野央《ひろし》がライオンズに入団することになった。一体、コミッショナーは何をやっているのだ。

おそらく和田はプロテクトから外れていたのだろう。ホークスとしても「打撃に課題のあるライオンズがベテラン投手を指名するはずがない」と踏んでいたのかもしれない。しかし、ライオンズは以前にも内海哲也を指名した過去がある。

今回の件では、松井には何の問題もないが、一連のやり取りはチームにとって幸いするだろう。ライオンズ打線は貧弱だが、投手陣は豪華だ。

髙橋光成、今井達也、そして平良海馬がいて、さらに隅田知一郎や松本航もいる。課題のリリーフ陣に甲斐野が加わったことは大きい。投手起用さえ間違わなければいい成績を残せるはずだ。

しかし、松井監督の大問題は髙橋、今井の長髪を黙認していることである。前任の辻監督にはハッキリと「やめるように指示しなさい」と告げたが、何も変わらなかった。あんな不潔な格好でプレーしていいのか？

ライオンズとは清潔で高貴なチームである。自ら品位を落とすようなことを許してはいけない。強いチームはユニフォームの着こなしもビシッと様になっているものだ。選手が勝手なことをするならば、それを止めるのは監督の役割だ。

ぜひ、松井には毅然たる態度をとってもらいたい。

## チームを強くし、選手も育てる意思が感じられる小久保裕紀

新たに、2024年から福岡ソフトバンクホークスの監督に就任したのが小久保裕紀だ。NPBの監督を務めるのは初めてではあるが、彼は以前に、常設化されたばかりの日本代表・侍ジャパンの初代監督も経験している。

小久保は常にベンチの最前線に立って腕を組みながら、キリッとした目つきでグラウンドを見つめていた。その姿は鬼気迫るものがあり、私は「これぞ戦う男の姿だ」「これが監督のあるべき姿だ」と好印象を持った。

2015年のWBSCプレミア12では、1次ラウンドこそ全勝通過を果たしたものの、決勝ラウンドでは準決勝で韓国に敗れて3位に終わった。優勝は逃したが、その采配は堂に入っており、決して恥じるものではなかった。

さらに2017年のWBC（ワールド・ベースボール・クラシック）では、やはり準決勝まで進出したもののアメリカに敗れて優勝を逃してしまった。けれども、私か

ら見れば、継投に関しては何も問題はなく、万全を期していた。また、持ち前のキャプテンシーによって選手から信頼されていることがよく伝わってきた。

監督にはいろいろなタイプがあるが、小久保のように厳しさを持って自ら先頭に立つ姿は、傍から見ていても清々しいものだった。ユニフォームの着こなしがだらしなく、グラウンドで唾を吐いたり、ガムを噛んでいたりする中田翔に対しても毅然と接し、私生活も含めて代表選手としての誇りを植えつけていたのもよかった。

試合に勝つだけでなく、選手の人間性も含めて「自分が何とかしよう」という気概が感じられた。

その後はホークスの一軍ヘッドコーチを経て、二軍監督を経験した。ファーム日本選手権での優勝を置き土産に、満を持して一軍監督に就任する。侍ジャパンのときと同様、ヘッドコーチには青山学院大学の先輩である奈良原浩を招聘した。奈良原にとってはホークスのユニフォームに袖を通すのは初めての経験である。

球団OBではなく、あえて大学の先輩を招聘するところに、小久保の頑固さであり、意地のようなものを感じる。

彼がどんな采配を見せるのか？　小久保が標榜している「美しい野球」というものが、具体的にはどんなものなのかは私にはまだわからない。けれども、ただ勝つだけでなく、選手の人間教育も含めた指導力を期待したい。

バファローズの中嶋にしても、ホークスの小久保にしても、一軍監督となるまでに、きちんと勉強を積んでいる。促成栽培ではない、本物の野球を楽しみにしている。

千葉ロッテマリーンズの監督は、就任2年目となる吉井理人だ。

彼も現役引退後、さまざまなキャリアを積んだ後に監督となっている。コーチとしてはファイターズ、ホークス、マリーンズ、さらに侍ジャパンと申し分ない。

また、筑波大学大学院にも通いコーチング理論を習得。体育学修士の学位も授与されている。理論と実践の両輪を学んでいる点が吉井の強みであろう。

就任1年目で2位となった。戦力的には劣っていたものの、それでも上手に投手陣をやりくりしてチームとしての形を保っていたように思う。

しかし、吉井に対しては大きな不満がある。

佐々木朗希の扱いである。誰もが認める通り、佐々木はかなりのポテンシャルを誇る期待の逸材であることは間違いない。しかし、プロ入り時点ではまだ「プロの身体」になっておらず、いや、そもそも「大人の身体」になっていなかった。

だからこそ、マリーンズは2020年の入団から2年間、決して焦ることなく無理して投げさせずに、「まずは身体作りをする」ということに主眼を置いて育成した。高い契約金を支払ったにもかかわらず、そこまでじっくりと我慢した球団は偉い。

そして、プロ3年目の2022年にようやくローテーション入りを果たすと、4月10日のバファローズ戦では世界記録となる13者連続奪三振など、1試合19奪三振で28年ぶりとなる完全試合を達成した。

さすがに「令和の怪物」と称される逸材である。しかし、その後が気に食わない。投げては登録抹消を繰り返し、まだまだ手探り状態で投げている。

本人はアメリカ行きを希望しているようだが、メジャーリーグではそのような過保護な待遇など期待できない。中6日のローテーションすら守れず、「自分だけ特別待遇にしてくれ」とは虫がよすぎる。

本当に佐々木を一流の投手として育てるのならば、吉井監督もキッパリと「いいから投げろ」と言うべきではないのか？

この点が吉井と佐々木に関する物足りない点である。

## 歴代10監督のうち5人が1年で退陣したイーグルス

2024年新監督として、不安の大きい船出となったのが、東北楽天ゴールデンイーグルス・今江敏晃である。40歳という若さで一軍監督となった。

2019年の現役引退後はイーグルスに残り、翌年から育成コーチ、二軍打撃コーチ、そして育成内野守備走塁コーチなど、さまざまな肩書で指導者としての経験を積んだ。PL学園出身で、千葉ロッテマリーンズ時代にはボビー・バレンタイン監督の下で日本一の経験を持つ今江がどんな野球を目指すのか、私にはわからない。

ただ、「楽天」という独自のチームカラーを持つ球団で、本当に今江のやりたい野球ができるのか？　はなはだ不安であるというのが率直な思いだ。

イーグルスは新監督に対して、我慢ができない球団だからだ。

2004年の球界再編騒動に端を発してイーグルスは誕生した。

実はこの頃、三木谷浩史オーナーと対面の機会を得たことがある。田尾安志監督が解任された直後の創設1年目のオフに三木谷氏から連絡をもらい、球団運営について意見を求められたのだ。このとき私が「優勝チームを作り上げるには時間がかかるもの」と説明すると、彼は言った。

「僕はそんなに我慢できない。せめて3年で優勝したいんです」

当時、飛ぶ鳥を落とす勢いにあった三木谷さんだけに、「少しでも早く結果が欲しい」という気持ちはよくわかる。しかし、球団経営とは、ビジネスであると同時にスポーツでもある。そこで私は「せめて勝ち方を知っているコーチを招聘した方がいい」とアドバイスをした。

このとき名前を挙げたのが土井正三、黒江透修、宮田征典の3人だ。いずれもジャイアンツで選手として、指導者として、「勝つために必要なことは何か?」を学んできた者たちである。

実際に交渉段階まで進んだようだが、条件面での折り合いがつかずにこの話は流れた。そして、気がつけば野村克也の監督就任が決まり、私は手を引くことを決めた。

球団創設から20年となるが、この間、10人の監督が誕生している。

**田尾安志（2005年）**
**野村克也（2006～2009年）**
**マーティー・ブラウン（2010年）**
**星野仙一（2011～2014年途中）**
**大久保博元（2015年）**
**梨田昌孝（2016～2018年）**
**平石洋介（2019年）**
**三木肇（2020年）**
**石井一久（2021～2023年）**

## 今江敏晃（2024年〜）

この一覧を見ればわかるように、歴代10人のうち半分の5人がわずか1年で監督交代を強いられている。特に2019年からの3年間で3人の新監督が誕生しているのは異常事態である。

さすがに野村、星野、梨田のように他球団で優勝経験のある監督は複数年指揮を執っているが、それでも野村の4年が最長である。

これでは、そもそもフロントが本気で「チームを強くしたい」と考えているようには思えない。ブラウンはカープでの一軍監督経験があるが、監督未経験である田尾、大久保、平石、三木に対して「1年で結果を出せ」というのは酷である。

監督は選手を育て、フロントは監督を育てる。この両輪がそろって初めて優勝を狙えるチームになる。

おそらく、今江新監督も苦しい戦いを強いられることだろう。その戦うべき相手はパ・リーグ5球団であって、自軍フロントではないのは言うまでもないことだ。

## 元イーグルス・安樂智大のパワハラについて思うこと

２０２３年オフ、安樂智大による後輩への日常的なパワハラが報じられた。

これを受けて、三木谷オーナーはすぐに謝罪声明を発表した。オーナーとして、対外的な面においての危機管理対応としてはそれでいいだろう。

しかし、オーナーとして本当にすべきことは対外的なことだけでなく、内部面でのしっかりとした調査、そしてその後の対応である。

球団内部のアンケートによって、安樂の愚行が次々と明らかになったが、今回の件において、すべての責任は現場を預かる石井一久前監督にある。

監督とはグラウンド内だけを指揮するものではない。私生活も含めたありとあらゆることに目を光らせていなければならない。安樂のパワハラは日常的なものだったという。そんな事態になるまで、誰も気づかなかったのだろうか？　どうして、他の選手たちは見て見ぬふりを続けたのだろうか？

イーグルスは、安樂を自由契約とした。完全に「臭い物に蓋をする」という考えであり、トカゲの尻尾切りである。選手の人間教育などどうでもよく、選手のことを単なる1つの駒としてしか考えていないのだろう。

もちろん、いわくつきの選手を獲得する球団があるはずもなく、最終的に安樂はメキシカンリーグでプレーすることとなった。

この一件に関して石井は何かコメントを発しただろうか？　すでに退任してしまった以上、「もう自分には関係ない」とでも考えているのだろうか？

監督としての責任と覚悟が、いずれも欠如していると言わざるを得ない。たとえ「元監督」という肩書となろうとも、「監督」であることに変わりはない。

少なくとも私は、当時のスワローズ、ライオンズの選手にとって、90歳を過ぎた今でも「私は監督である」という思いを忘れてはいない。

いくつになっても、師匠は師匠であり、弟子は弟子である。それだけの責任と覚悟を持てぬ者は監督になどなってはいけない。

監督という役割を軽く見てもらっては困るのだ。

## WBC優勝監督、栗山英樹は名将なのか？

2023年春、現役メジャーリーガーである大谷翔平、ダルビッシュ有、吉田正尚を擁する侍ジャパンがWBCで優勝した。しばらくの間はこの話題で持ちきりで、普段は野球に関心のない人々までもが夢中になっていた。テレビをつければワイドショーやバラエティ番組でも、何度もWBCが取り上げられていた。

このチームを率いたのがファイターズの監督を辞した栗山英樹だ。

彼が現役を引退し、評論家だった頃に何度かじっくりと話をしたことがある。キャスターを務めていただけあって、さわやかな佇《たたず》まいで聞き上手だったことが印象に残っている。そのときは「頭が切れる男だな」と感じたが、その後の彼の評論を聞いていて、「なるほど」と首肯することは1度もなかった。

大会期間を通じて、栗山は一体、何をしたのだろうか？　私には、はなはだ疑問が残る。

大会前には大谷やダルビッシュに直接アプローチをして代表メンバー入りを要請した。NPB未経験で日本語をしゃべることができないラーズ・ヌートバーを勧めたのも栗山だという。

私も体験した、栗山のさわやかな人柄、情熱的に夢を語る巧みな弁舌が功を奏したのだろう。自分の理想の野球を思い描き、それを実現するためのメンバーを選ぶのは監督の重要な役割である。しかし、その交渉まで監督がやる必要はない。栗山にすべてを任せっきりでは、何のための事務方なのか？

ハッキリ言えば、ファイターズ時代の教え子である大谷を侍ジャパン入りさせることで、栗山の役割は終わったのである。それが済めば、栗山の出番はほぼない。

代表合宿でも、強化試合でも、栗山の影は薄かった。もちろん、新庄剛志のように監督自ら「オレが、オレが」と前面に出る必要はない。しかし、栗山はあまりにも影が薄すぎた。栗山が選手を統率している印象は微塵もなかった。

監督というのは、自分の信念に従って、選手に対して「ああしなさい、こうしなさい」と的確な指示を出して選手の気持ちを1つにすることにある。

しかし、チームの中心にいたのはダルビッシュであり、大谷だった。よく言えば「選手の自主性を尊重した」と言えるのかもしれないが、その実態はただの放任であり、監督の怠慢ではないのか？

投手陣のリーダーとしてダルビッシュは振る舞っていた。

若い投手にアドバイスを送ったり、変化球の握りを教えたりしている姿が目立っていた。教わる側は「あのダルビッシュさんに教わった」と目を輝かせていたが、日頃、その選手の指導をしているコーチからすればたまったものではない。

コーチの言うことと、ダルビッシュの言うことが異なっていた場合、その選手はどちらの言うことを聞くのだろう？　もしも、その選手が結果を残せなければ本人も、そしてコーチもクビになる。ダルビッシュは、その責任を取れるのだろうか？

チームを率いる栗山監督は、こうしたことを黙認するどころか、むしろ推奨していたように思われる。リーダーとしての統率力に疑問が残るのは当然だ。

## 侍ジャパンが優勝した2つの勝因

結果的に侍ジャパンはアメリカを撃破して優勝した。

その勝因は、まずは「投手力がずば抜けていたこと」である。

栗山監督は代表メンバー30人のうち、15人をピッチャーに充てた。これは賢明な判断だったと思う。投手がしっかりと抑えることができれば負けないからだ。本大会では、松井裕樹とダルビッシュが本調子ではなかったが、他の投手はそれぞれが自分の役割を果たした。栗山監督の人選が確かだったことの証明である。

もう1つの勝因は、アメリカチームがベストメンバーではなかったことである。

確かに決勝戦での大谷とマイク・トラウトの激突は見応えがあった。日頃はチームメイトである2人が雌雄を決する場面は、多くのファンを魅了したことだろう。けれども、侍ジャパンがベストメンバーであったのに対して、アメリカチームは決して「ベスト」とは言えない陣容であった。日本は国を挙げて、栗山監督が考える勝

つための メンバーを集めることに成功した。一方のアメリカ代表は、球界を代表する超スーパースターの出場は少なく、本気度については疑問が残る。

何も侍ジャパンの勝利にケチをつけるわけではないが、この結果をもって「日本はアメリカ野球を超えた」などと、ゆめゆめ思ってはいけない。

本気度で勝る日本が、本気度で劣るアメリカに勝利しただけに過ぎない。帰国後、栗山監督は多くのメディアに登場し、「名将」として遇されていた。しかしその実態は、選手の能力任せで「采配」と呼べるようなものはほとんどなかった。

監督とは勝敗の全責任を背負う存在だ。しかし、今大会では完全に選手が主導権を握っていた。選手が頑張ったから侍ジャパンは優勝した。

必要以上に栗山を持ち上げすぎるのは、本人のためにも、日本野球のためにも決していいことではない。その点は冷静な視点を持つ必要があると言えるだろう。

広島県呉市の出身である私は、今回のWBCを見ていてふと、太平洋戦争のことを思い出してしまった。真珠湾攻撃が成功し、日本は勢いに乗った。しかし、ミッドウェー海戦に敗れて以降は連敗に次ぐ連敗で、最終的には原爆を投下される事態に陥ってしまった。私も広島で黒い雨を浴びたのだ。

その一件と、今回のＷＢＣに何の関係があるのか？

読者の中には、そんな疑問を抱く人もいるだろう。しかし、「アメリカが本気を出す前に勝利する」という一点において、私には同質のものと思えて仕方がない。本当の勝負はアメリカが本気になったときに始まる。

アメリカが本気で臨み、真正面からぶつかって、そして勝利する。そのときに初めて「日本野球が勝った」と胸を張って言いたい。

次回ＷＢＣは２０２６年、井端弘和監督の下で行われる。

はたして、井端監督はどんな野球を見せてくれるのか？　そのとき私は94歳となっている。もちろん、この目でしっかりと見届けるつもりでいる。

第4章

# 名監督とは何か？
# 名将とは何か？

## 大リーグの名将が考える「監督に必要な4つの条件」

1982（昭和57）年オフのことだった。

当時の私は西武ライオンズの監督を務めていた。この年、中日ドラゴンズとの日本選手権（日本シリーズ）を制し、「来年も日本一を目指すぞ」と意気込んでいた頃のことである。

つかの間のオフを満喫することなく、日本シリーズも、ドラフト会議も終えた12月初旬、私はハワイ・ホノルルで行われていたウインターリーグに参加した。このとき、この年のワールドシリーズを制覇したセントルイス・カージナルスのホワイティ・ハーゾグ監督と対談する機会を得た。

彼は後に殿堂入りし、現役時代につけていた背番号「24」はカージナルスの永久欠番となっている。

ハーゾグ氏と親交のある長嶋茂雄が事前に手配をしてくれたのだが、この対談は私にとって実に有意義で、今でも印象に残る貴重な時間となった。

彼も上機嫌で、「今日は日米のチャンピオン監督が対面する歴史的会談だ」と冗談を飛ばしていたほどだった。この席では、本当に話が弾んだ。決して私の独り善がりではないはずだが、ハーゾグ氏にとっても実りのある時間となったのではないだろうか？　それぐらい2人の話は大いに盛り上がることとなった。

このとき私は、「野球の監督の理想像とは何か？」と尋ねた。するとハーゾグ監督は「理想の監督には4つの条件がある」と言った。

**1．監督は正直であること**
**2．問題があれば、必ず個別に注意すること**
**3．選手に尊敬されること**
**4．それぞれの役目を理解できる選手を育て上げること**

彼は、この4つの条件を挙げた。

選手に対して嘘をつかず、公平でえこひいきをしないことを心がけ、多くの選手の前で叱責することは避け、何かを注意したいときにはできるだけコーチに任せること。監督自ら乗り出すのは、よほどの大問題が生じたときに限ること。

そして、選手たちから「この監督の言うことなら間違いない」と尊敬され、信頼されるために、きちんと野球を学び、理解し、理論武装をしておくこと。最後に、選手それぞれに、個々の才能に応じた役割を与え、それを遂行する喜びを教え、体験させてあげること……。

いずれも、私自身が常に目指していたことだったため、ハーゾグ監督の言葉は、私を勇気づけた。彼の言葉を聞いて、「私の考えは正しかったのだ。これからもこの考えを推し進めていこう」と確信を得た。

監督とはどうあるべきか？

人間の考えることは大同小異である。監督の用兵、作戦などは誰であろうとそう大差はない。そうなると、勝負を決するために監督ができることは「選手たちの意識を変え、勝利に向かってどのように方向づけるか？」という一点に尽きるのではないだろうか？

だから、監督というのは「同じことを根気よく言い続けること」が大切だと考える。成功するかどうかは、選手たちが監督の考えをいかに早く、いかに正確に理解できるかにかかっている。

選手が指揮官を信頼し、「この監督の言うことならば間違いない」「この人についていこう」と思ってもらえるようになればしめたものである。もちろん、そのためには監督自身に確固たる野球観が必要になってくるのは言うまでもない。

2009年、オールスター・フューチャーズゲーム中のホワイティ・ハーゾグ元監督。この翌年にアメリカ野球殿堂入りを果たす

そしてそれは、決して一朝一夕にできるものではない。何度も何度も、粘り強く取り組むしかないのだ。どれだけ辛抱できるか？

監督に問われるのは忍耐力なのだ。

## 太陽の如き心で、選手たちを指導する

前項で述べた「1．監督は正直であること」において、私は「選手に対して嘘をつかず、公平でえこひいきをしないことを心がけよ」と説いた。

その際に、私がイメージするのは「太陽」である。

太陽はどんな人も平等に照らしてくれる。指導者である限りは、決して好き嫌いをせず、どんな選手も公平に、平等に接しなければならない。

もちろん、人間だから好き嫌いの感情、合う合わないの相性もあるだろう。こちらが親身に接しても、相手がヤル気を出さないこともあるだろう。

それでも構わないのだ。

教えたことをやる人はやる。やらない人はやらない。もちろん、指導者の本分として、「ヤル気がない者にヤル気を出させる」ことも大切だ。しかし、残念なことに、いくらこちらが誠意を尽くしても、相手にその思いが伝わらないこともある。それはその人の価値観であるから、仕方のないことなのだと思うしかない。

太陽は誰でも分け隔てなく平等に照らしてくれる。それでも、「日焼けをしたくない」と日傘を差したり、外に出ることを控えたりする人がいるのと同様だ。日焼けを嫌がる人に無理やり日光を当てる必要はない。

この点に関しては、アメリカはフェアである。いろいろな国籍や人種の人々が集まっているからこそ、人々は意識的に「平等であること」を順守している。日本もこの点はぜひ見習いたいものだ。

指導する際に気をつけたいのは「いきなりすべてを教えようとするな」ということだ。食事は腹八分目がちょうどいいように、指導もまた八分目がちょうどいい。

いっぺんに「あれも、これも」と詰め込んでも、いきなり全部を消化することはできず、必ず消化不良を起こしてしまう。その選手の習熟度、理解度に合わせて、適切なタイミングで、適切な指導ができるか？

まさにその点こそ、指導者が問われていることである。

どうしても、「これだけ教えたのだから、すぐに理解してほしい」と、ついつい願ってしまう気持ちはよく理解できる。けれども、人の成長スピードはそれぞれだ。すぐに頭角を現す者もいれば、大器晩成タイプもいる。そのことをよく理解した上で、川上哲治監督のような根気強さをいつまでも持ち続けることだ。

ユニフォームを着ていた頃、私はまだ人間の持つ偉大な力について、きちんと理解していなかった。しかし、ユニフォームを脱ぎ、その後もずっと勉強を続けた結果、今ならば自信を持って断言できる。

早いか、遅いかの違いはあっても、人は必ず成長する――。

上に立つ者、指導する立場にある者には、ぜひ忘れないでいただきたい。

## 監督とは嫌われ役を演じるもの

自分で言うのはおかしいけれど、監督としての私は選手に好かれていたとは思わない。東尾修や江夏豊などは、今でも私のことを憎んでいるのかもしれない。

それ以外にも、多くの選手が私に反発していた。それを表に出す者もいたし、表面上は取り繕っていても面従腹背の者もいたことだろう。

選手のために「こうしなさい」と言っても、反抗してその通りにやらない。そんなとき、私はいつも心の中で思っていた。

（選手とは、そういうものなのだ……）

決して強がりではない。あるいは諦念でもない。文字通り、「選手が監督に対して反発心を抱くのは当然のことだ」と思っていたのである。

監督とは嫌われ役を演じるもの――。

私には、そんな思いが強くあった。しかし、いつまでも反発されたままでは、決してチームは強くならない。どうにかして選手の気持ちを翻意させなければならない。そこで大切になってくるのが、ハーゾグ監督の言う「3．選手に尊敬されること」という教えだ。

どんなに反発しても、選手の心の奥底には「うまくなりたい。勝ちたい」という思いが絶対にある。プロ選手ならなおさらだ。成績が向上すれば年俸も上がる。厳しい競争を勝ち抜いてプロの世界に飛び込んだ以上、誰だって「もっと上手になりたい、もっと稼ぎたい」と考えるのは当然のことだ。

ならば、その思いを叶えさせてやればいい。

自分の願望を叶えてくれる監督ならば、選手たちは絶対に従うようになる。

スワローズの監督に就任したとき、私は「このチームのぬるま湯体質を変えよう」と決めた。それまでの悪しき風習、因習を改めることにした。

当然、守旧派からの反発は大きい。選手たちも「以前の監督はこんなことをしなかった」と不満をあらわにした。

しかし、以前のやり方のままでは何も事態は好転しないのは明白だ。勝ちたいのならば、それまでのやり方を改めるしかない。

だから、決して妥協せずに意識改革から取り組んだ。

１９７６年のシーズン途中から監督職を引き継ぎ、実質1年目となった１９７７年に2位となったことで、少しずつ選手たちの意識が変わってきた。

すると、私に対する態度にも変化が現れる。まずはチームリーダーである若松勉が率先して、私の指示に従うようになった。食事管理や練習方法など、（少なくとも私の前では）文句も言わずに黙々と取り組むようになったのだ。

チームの主軸の真摯な心構えはすぐにチーム内に伝播する。

寡黙で努力家の若松のおかげで、チーム内に「勝ちたい」という思いが広がり、結果が伴ってきたことで、「監督の言うことを聞いていれば勝てる」と信じるようになっていったのだ。

もしも私が「選手に嫌われたくない」という思いで妥協をしていれば、表面上は円満な組織ができたとしても、決して優勝はできなかったはずだ。

監督とは嫌われ役を演じるもの――。

それでいいではないか。

## 若松勉、田淵幸一、そして石毛宏典に共通すること

スワローズ監督時代、チームの中心は前述した若松勉だった。一方、ライオンズ時代の主軸は田淵幸一である。すでにベテランの域に差しかかっていた田淵の引退後を見据えていた私は、彼の後任として石毛宏典にその役割を託そうと決めていた。

チームをまとめるには監督の統率力が重要になる。

しかし、監督一人の力だけでは、決して強い組織を作り上げることはできない。そこには必ず選手たちから信頼され、尊敬されるキャプテンの存在が不可欠だ。

監督の重要な役割の1つとして、「誰からも尊敬されるチームの中心人物を作る」ということがある。それが、私にとっての若松であり、田淵や石毛だった。

一見すると何も接点のない3人のように見えるかもしれないが、この3人には共通点がある。選手としての能力に秀でているのは当然のこととして、3人とも「素直で

ある」という点である。

石毛はまだ入団して間もなかったけれど、若松も田淵も、私と出会った頃はすでに実績のあるチームの中心人物だった。

私は就任直後から彼らをキーパーソンと見定め、彼らにこそ私の真意を理解してもらうように努めた。面と向かって説得したわけではない。ひと際強く当たることによって、彼らの自覚を促したのである。いわばショック療法である。

その結果、私の狙いは見事にハマった。

若松には「お前なんかは他のチームに行けばレギュラーにすらなれない」と面罵し、田淵には「そんなに太っていて、よく野球選手が務まるな」と言った。新人王を獲って得意絶頂にあった石毛に対しても、「最近の新人王はレベルが落ちたものだ」と口にしたこともあった。

今なら「パワハラだ」と叱られるだろうか？

若松も田淵も、あるいは石毛も、最初は私への反発心から始まった。「2度とあんなことを監督に言わせないぞ」という思いがエネルギーとなり、やがてはもっとも私のことを理解してくれる存在となった。

彼らがいたからこそ、私は日本一の監督になることができた。いくら感謝しても足りないほど、彼らの存在は大きかった。

チームを1つの方向にまとめあげるには、監督の意図を理解しているチームリーダーの存在が不可欠となる。

強いチームには必ず確固たるリーダーが存在するのだ。

## 昔の名前でメシは食えない

若松も田淵も、あるいは石毛も、現役引退後に監督を務めた。田淵と石毛は監督としての実績を残すことはできなかったが、若松は2001（平成13）年に日本一となり、正力松太郎賞も受賞している。

さて、かのベーブ・ルースが現役引退間際、「監督をやりたい」とオーナーに迫ったという。それに対して、ニューヨーク・ヤンキースのオーナーは言った。

「それはいい考えだ。じゃあ、まずはルーキーリーグの監督から勉強してこい」

ご承知の通り、メジャーリーグは、下部組織としてのルーキーリーグから始まり、1A、2A、3Aがあり、さらには独立リーグも存在している。

これだけ裾野が広いからこそ、選手たちは「何としてでもメジャーに這い上がるんだ」と必死に努力を続けるのである。

そしてそれは、指導者もまた例外ではない。

選手たちと同様に、「少しでも上のレベルで指揮を執りたい」という思いを持って、指導する側も日々の研鑽を積むのである。何でもかんでも「アメリカは優れている」と言うつもりはないけれど、これは実に合理的なシステムであり、「なるほど」と納得させられるものだ。

いいものは、日米、国に関係なくどんどん見習えばいい。

その際に、選手時代の実績は何も考慮されない。日本のプロ野球のように、現役時代のスター選手が引退後すぐに監督になれるほど甘い世界ではないのだ。

だからこそ、ベーブ・ルースほどの大打者であろうとも、「まずはルーキーリーグから勉強しろ」と、けんもほろろに扱われるのである。

つまり、昔の名前でメシが食えるほど甘い世界ではないのだ。

その代わり、下部組織であろうとも、そこでいい仕事をしていれば、GMが、「こいつは見所があるぞ」と判断して、将来のメジャー監督候補としての英才教育が始まるのである。

2024（令和6）年から大谷翔平や山本由伸が所属することになったロサンゼルス・ドジャースには、トミー・ラソーダという名物監督がいた。

彼は現役時代の実績はほとんどない。それでも、マイナーリーグのコーチから始まり、コツコツと勉強を続けた。そして、それが認められてついにメジャーリーグの監督となり、一時代を築いたのである。

これこそ、実力主義、能力主義、公明正大で実に理にかなった正しいやり方であろう。つまり、メジャーリーグには「監督を育てる」という明確な意思があり、そのための長期的な育成システムが整備されているのである。

その点、日本のプロ野球はどうだろう？

選手時代の実績や人気先行で監督にしたのはいいものの、結果を残すことができなければまるで使い捨てのようにとっかえひっかえ首をすげ替えている。

第1次原辰徳政権がそうだったし、第2次原政権の後を受けた高橋由伸も同様だった。これは現役時代の実績に泥を塗ってしまうような愚行ではないか。

選手たちがそうであるように、監督もまた機械の部品ではないのだ。

ちょっと調子が悪いからといって、そう簡単に「新しいものに買い替えよう」というわけにはいかないのだ。

## 監督としての喜び、達成感はすぐには訪れない

ライオンズ時代に私の下でプレーした石毛宏典、辻発彦、伊東勤、渡辺久信、秋山幸二、工藤公康らは、後に監督となった。ヤクルトスワローズ時代の教え子で言えば、若松勉、大矢明彦も監督経験者だ。さらに、１９７８年の日本一の立役者でもあるチ

ャーリー・マニエルもそうだ。彼はスワローズで私と一緒に、その後は近鉄バファローズで西本幸雄さんの下でプレーをした。

帰国後はミネソタ・ツインズの1Aから始まり、最終的にはフィラデルフィア・フィリーズでワールドシリーズも制している。

自分とかかわりがある選手たちが監督となったことは、私にとっても喜びであり、「頑張れよ」と応援すると同時に、「はたしてどんな指揮官となるのかな?」と注意深く見守っていたものだ。

監督経験後に彼らに会うと、「あのとき広岡監督が言っていたことを、改めて理解できました」と言われることが多い。いくら言葉で言っても、何度も繰り返しても、「人が人を理解する」ということは、そんな簡単なものではないのだ。この事実を理解しておくことも、監督には必要なことなのである。

2022年限りで、6年間務めた古巣・ライオンズの監督を辞した辻発彦は、退任時に私に言った。

「広岡監督は常にスリムな体型を維持して、実際に身体を動かしながら手本を見せてくれました。だから自分も、常に節制を心がけていつでも動けるように努めていました。それがあったから、源田（壮亮）と一緒にノックを受けることも、手本を見せることもできました（笑）」

かなりの時間が経ってから、教え子からこういう言葉を聞けることも、指導者冥利に尽きるものだ。

現役時代には、何度も何度も同じことを指摘され、厳しく叱責された。当然、当時は私に対する不満も抱いていたことだろう。しかし、本書において何度も述べているように、そもそも監督と選手とは置かれている立場が違う。

選手には選手の言い分があるように、監督には監督の考えや職分がある。何度も繰り返して恐縮だが、監督の使命とは「選手に好かれること」でも、「選手と仲よくすること」でもない。あくまでも「勝つこと」であり、「選手を育てること」なのだ。

たとえ、その時点で理解されなくても、かなりの時間が経過してから「あのときの監督の考えが理解できるようになりました」と言ってもらえれば、それでいい。それ以上に、私の下で学んだ野球観、あるいは人間観、人生観を基にして、彼らが自分なりの個性を生かして、指導者として独り立ちしたことが本当に嬉しくて仕方がない。

1978年、球団創設29年目にしてスワローズは初めてリーグ制覇を果たし、私も神宮球場で初めて胴上げをされた。日本シリーズでは「圧倒的不利」と言われながらも、王者・阪急ブレーブスを撃破して日本一に輝いた。かつて現役時代に本拠地としていた後楽園球場で胴上げされたことも嬉しかった。もちろん、ライオンズ時代にも選手たちから胴上げをされたときには感慨無量だった。

しかし、監督としての本当の喜び、達成感というのは、さらにそこから何十年も経過した後に、教え子たちが立派な指導者となることではないのか?

私は選手たちからそんなことを教わった気がしてならない。すぐに結果を求めてはいけない。物事の本質を理解するには、それなりの時間が必要なのだ。

90代を迎えた今、私は改めて監督業というものを、そう理解している。

## マニエルが口にした「イエス・サー」という言葉の重み

前項で紹介したチャーリー・マニエルは、私にとってとても印象深い選手だ。

彼と一緒に過ごしたのは、私がシーズン途中に監督代行となった1976年から日本一になった1978年までの3年ほどである。マニエルとのやり取りを通じて、私は「選手のプライドをいかに尊重すべきか」ということを学んだ。

スワローズ監督時代、マニエルは守備をおろそかにしていた。「オレの仕事はホームランを打つことだ」と考え、守備に対して無気力な姿勢が目についた。

そこで私は、試合途中に彼をベンチに引っ込めた。

メジャーリーガーにとって、試合途中での交代は「アイツは欠陥商品だ」と満天下で宣言されるようなものだ。だから、ひと言も彼に告げずに先に主審に交代を告げて既成事実を作った後、マニエルにベンチに戻るように指示をした。

当然、彼は怒った。いや、「怒った」などと生やさしいものではない。怒りに任せて暴れまくった。しかし、そこで怯んでしまったり、同情心を持ってしまったりしたら何にもならない。私は、心を鬼にしてマニエルを交代したのだ。

もちろん、試合後には本人に対して、「君のプライドを傷つけるようなことをしてすまなかった」と詫びた上で、「もっと守備に対する意識を高めてほしい」と、私の意図をきちんと説明した。

すると、マニエルは「自分の今後はどうなるのか？」と尋ねてきたので、私はハッキリと言った。

「再び君のプライドを傷つけたくはないから、今後は一切使わない」

この言葉を聞いたマニエルは慌てた表情で言った。

「それは困る。使ってもらえなければ仕事にならない」

私はこの言葉を待っていたのだ。

「ならば守備をもっと練習してうまくなれ」

するとマニエルはハッキリと「イエス・サー」と口にした。

メジャーリーガーはプライドが高い。それは決して悪いことではない。選手にとって、誇りを持ってプレーすることはとても大切なことだ。

しかし、だからと言って、監督が選手に怯んでしまってはいけない。毅然とした態度こそ、監督には求められるのである。監督には監督のプライドがある。

それ以降、守備に対する姿勢は改善が見られた。とはいえ、まだまだ私が求める水準には達していなかったので、その年のオフにバファローズへのトレードを決めた。

結果的に1979年、スワローズは最下位となり、私もシーズン途中でユニフォームを脱ぐことになる。

一方のマニエルは移籍先でも大活躍して、1979年にはバファローズをチーム初優勝に導き、翌1980年にもリーグ2連覇の立役者となった。

マスコミからは「あのトレードは失敗だった」と叩かれたこともあったけれど、それでも私は何も間違ってはいなかったと今でも断言できる。

「守り勝つ野球」こそ、私が目指していたスタイルであり、日本一に輝いたからこそ、そのスタイルをさらに推し進めるつもりだったからだ。監督として、「自分の目指す野球をより強固にしよう」と考えるのは当然のことである。結果的にうまくいかなかったのは事実だ。だから責任を取ってユニフォームを脱いだまでだ。

この話には後日談がある。

アメリカに帰った後、マニエルは日本のマスコミの取材に対して、こんな言葉を残している。

「非があったのは私で、広岡さんではない」

この言葉もまた、監督冥利に尽きるひと言だった。さらにマニエルは続ける。

「もし、日本に行っていなければ、コーチにも監督にもなっていないと思う。監督とは何か、コーチとは何か、チームとは何か。私はそれを日本で学んだんだ」

何とも嬉しい言葉ではないか。

## 日本一達成後に川上さんから受けた仕打ち

私は、1978年にスワローズで、そして1982、1983年にはライオンズで日本一を達成した。いずれも思い出深いシーズンであるが、「最も印象的なシーンを選ぶとしたら？」と言われれば、1983年の日本シリーズを挙げるだろう。なぜなら、相手が私の古巣である読売ジャイアンツだったからだ。しかし、本音を言えば、そこには複雑な感情があるのも事実だ。

このとき、ジャイアンツを率いていたのが、私も現役時代に一緒にプレーをした藤田元司である。長嶋茂雄の後を継いだのが藤田だった。その就任には、川上哲治さんからの強い推薦があったと聞いた。

私がジャイアンツを愛しているということは、これまでに何度も述べてきた。同時に川上さんに対しては愛憎相半ばする思いを抱いているということも包み隠さずに折に触れて口にしてきた。

こうした感情があったからこそ、ジャイアンツを撃破して日本一となったことが本当に嬉しかった。通算8年間の監督生活の中で最も印象深いシーンである。

日本一達成後、同じく川上監督の下でプレーしていた森昌彦（現・祇晶）と一緒に川上さんの自宅にあいさつに出かけた。

「おかげさまで、ジャイアンツを倒して日本一になりました」

このとき、川上さんから言われた言葉は今でも忘れない。

「負けりゃ、よかったのにな……」

初めは意味がわからなかった。川上さんはなおも続ける。

「……ライオンズはまだまだ勝てるだろう。だから、今年の日本シリーズは藤田に勝たせてあげたかったよ」

現役を引退してからも、まだこのような仕打ちを受けるのか……。私は愕然となった。思わず口に出そうになった言葉をかろうじて呑み込んだ。

(ジャイアンツの監督があなただったら、もっと嬉しかったのに……)

長居は無用だ。私と森は、早々に辞することにした。

日本一の喜びが一瞬にして冷めてしまったあの日のことを、私は決して忘れない。

ライオンズの監督を退任後、千葉ロッテマリーンズのGMを務めたことはあったが、私は1度もユニフォームを着て、現場復帰を果たしていない。けれども、「人生は常に勉強だ」という思いで、日々の努力を怠ることはしなかった。

そこには、「今に見ていろよ」という川上さんへの反発心があったのも事実だ。しかし、その川上さんは2013年に93歳で亡くなられてしまった。

私の心の中に、ポッカリと大きな穴があいたような喪失感だった。あれから十数年が過ぎ、私も92歳となった。気がつけば川上さんの年齢に並ぼうとしている。

もしも願いが叶うのならば、私は今、川上さんに会ってひと言問いたい。

「私もすでに90代となりました。今の私はあなたから見て、どのように映っていますか？」

はたして、どんな答えが返ってくるのだろうか？

私は今、無性に川上さんに会いたくて仕方がない。

## 川上哲治監督が名将たる所以

本書でも述べてきたし、他の本や雑誌でも何度も言っているように、私にとって川上哲治という人物は、いい意味でも、悪い意味でも、多大な影響を与えている。

同時に、「名監督とは？」と考えたときには、水原茂監督とともに真っ先に頭に浮かぶのが川上さんの姿である。

川上さんは偉大な監督である。

川上監督と言えば、「哲のカーテン」と呼ばれる、マスコミ非公開の猛練習が有名だった。私も現役時代に経験したが、評論家やマスコミの目が届かないところでは、相手に知られては困るフォーメーションプレイの徹底はもちろん、基礎体力強化を目的とした壮絶な練習も展開されていた。

川上さんの偉大な点は、1つのことを徹底的に、一途にやり続けるしつこさ、執着心にある。人間は弱いものだから、「この辺でいいかな」と、どうしても妥協してしまう。しかし、川上さんにはそんなことはまったくない。

「やる」と決めるまでは沈思黙考して、まったく動かない。その姿は一見すると決断が遅く愚鈍なように映る。しかし、1度「やる」と決めたら、徹底的に実践する。その象徴が、V9の礎となった「ドジャース戦法」の徹底的な反復練習だった。そこからは「頑固」「意固地」と言えるほど徹底的に遂行する。

ここに「川上野球」の凄みがある。

現役時代、私は川上監督の下で兼任コーチを務めていた。威厳のある監督だったため、選手たちは接しやすい私にしばしば相談事を持ちかけてきた。そのたびに、私は監督にみんなの意見を具申した。

長嶋茂雄に直接打撃指導する川上哲治監督（1973年5月、東京・多摩川室内練習場で）

私の意見が採用されることはほとんどなかったが、その際に川上さんとの間ではいつも同じようなやり取りが繰り返された。
「ヒロ、君の言いたいことはよくわかる……」
その後に続くのも、いつも同

じセリフだった。

「……だが、もう1度やってみてくれ。ダメだとわかっていても、もう1度全力を尽くして取り組んでみてくれ。そうすれば、ダメがダメでなくなるかもしれないから」

ダメがダメでなくなるまで取り組む――。

この信念こそ、川上さんを名将たらしめている所以《ゆえん》であろう。

昨今では「ダメなものはダメだから」と、さっさと見切りをつけて、いつまでも固執することなく次の方策を見つけた方が効率のいい生き方だと考えられている。

しかし、時代に逆行するような川上さんの考え、信念こそ、今も昔も監督業には大切なのだ。川上さんのことを思い起こすたびに、私にはそう思えるのである。

ダメなものはダメなままで終わらせない――。

それこそ、指導者にとって大切な資質であり、名将となるために欠かせない重大事であろう。

## 監督の名を冠した「○○野球」からの脱却を

前項で、私は「川上野球」と述べた。

便宜上、そのような表現を使ってしまったけれど、私は監督の名前を冠した「〇〇野球」という表現を好まない。

それでも、これまでの歴史を振り返ってみると、さまざまな「〇〇野球」というフレーズがスポーツ紙面、あるいはテレビにおいて多用されてきた。

例えば「長嶋野球」と言えば、「ひらめき重視のカンピュータ野球」という意味合いを持つし、「星野野球」と言えば、「鉄拳制裁も辞さない熱血野球」というイメージが付与される。

派生形として、三原脩さんや仰木彬の「三原マジック」「仰木マジック」や、野村克也の「ＩＤ野球」、落合博満の「オレ流野球」も同様だろう。

私自身もしばしば「広岡野球」と称されてきた。

ここには「選手の私生活にまでうるさく口を出す管理野球」といった、表面上だけをとらえた悪意のあるニュアンスが込められているのだろう。そのように私は思っているが、実際のところはどうなのだろう？

いずれにしても、監督自身の個性を表すものとしては面白いのかもしれないが、それでは監督が交代するたびに選手たちは、また一から「〇〇野球」への順応を強いられることになる。

これでは、せっかく積み上げてきた技術や戦術が無駄になってしまう。

A氏が監督に就任したから、A氏のスタイルの野球をやり、彼が退任してB氏が指揮官となれば、次はB氏のスタイルを徹底させていく。さらにC氏が招聘されれば、次はC氏のやり方を踏襲していく……。

こんなことが、これまでの日本球界では延々と繰り返されているのだ。

しかし、本来のあるべき姿は「ジャイアンツ野球」であり、「タイガース野球」ではないのか？　そして、そうしたチームとして目指すべき野球を実践、遂行してくれる人物を監督に招聘すべきではないのか？

当然、そのためには「うちのスタイルはこういう野球だ」という確固たる信念、具体的なビジョン、グランドデザインがなければならない。

その役割を果たすのが球団フロントである。

こうしたことが積み重なって、やがてそれはチームの伝統となっていく。少なくとも、「球界の盟主」を自任していたかつてのジャイアンツには、確かに理想とすべきスタイル、全員が共有できる理念があった。

それこそが正力松太郎初代オーナーが遺した、いわゆる「正力遺訓」である。

**巨人軍は常に強くあれ**
**巨人軍は常に紳士たれ**
**巨人軍はアメリカ野球に追いつけ、そして追い越せ**

私たちがジャイアンツのユニフォームを着ていた頃、誰もがこの思いを胸に抱いてプレーをしていた。決して、具体的で細かい内容ではないけれど、それでも、すべての行動原理がこの教えに基づいていた。

秋広優人や門脇誠など、今の若い選手は聞いたこともないのかもしれない。今でもジャイアンツの選手寮には掲げられているはずだが、はたして、どれだけこの言葉を意識しているのだろう？　そもそも、坂本勇人や岡本和真はどうだろう？


話が逸れたが、「名監督」が誕生するためには、フロントの責任も大きい。フロントが目指すものと、監督の才能がマッチしたときに名将は生まれる。

前人未到のV9は、主力であるON（王・長嶋）の功績はもちろん大きい。そして、個性的な選手を掌握した川上哲治監督の手腕も光った。しかし、その陰には常に正力松太郎の教えを肝に銘じていたフロント陣の努力も忘れてはいけない。

大局観を持つオーナー、フロントの下で指揮を執る監督は幸せだ。私は今になって改めて、スワローズ・松園尚巳、ライオンズ・堤義明両オーナーへの感謝の思いを強くしている次第である。

## 野球に「マジック」などあるものか！

前項で「三原マジック」や「仰木マジック」について言及した。

三原脩監督は「魔術師」の異名を持ち、常識にとらわれないさまざまな奇策を講じることでも知られていた。しかし、当の三原さん本人は「私は魔術師でもないし、マジシャンでもない」と口にしていたという。

もちろん、自分から名乗ったのではなく、マスコミが面白おかしく名づけたものが、そのまま定着してしまったのだろう。

私も三原さんの考えに首肯する。

野球にマジックなどあるはずがない。何度も繰り返しているように、成功するための方法は「正しいことを正しい方法で、愚直にやり続けること」しかないのだ。

相手投手に応じて、猫の目のように日替わり打線を組むことは、そこに根拠があるのならば決してマジックではない。

三原さんは決して思いつきやひらめきで采配を振るっていたのではなく、彼には彼なりの根拠があったはずだ。その意図を掘り下げることなく、単に「マジック」のひと言で片づけようとするのはマスコミの怠慢である。

さて、私は「日替わり打線」には反対である。大衆食堂の日替わり定食ではあるまいし、オーダーは固定した方がいい。

最近ではデータ重視の姿勢がより顕著となり、過去の対戦データを基に打順を組み替えたり、極端な守備シフトを敷いたりしているが、私はそこに意味を見出さない。データはないよりはあった方がいい。しかし、それに縛られすぎてしまっているのが現在の監督たちではないだろうか？

毎日オーダーを変えて、人が育つだろうか？

人を育てるためには時間がかかる。原辰徳にもっと根気があれば、吉川尚輝も重信慎之介も松原聖弥も、一人前になっていたことだろう。

後任の阿部慎之助はどこまで辛抱できるのか？　秋広優人や門脇誠がレギュラーと

なり、一人前となれるかどうかは、すべて阿部次第である。

野球にマジックなどない。

新監督には、改めてこの言葉を贈りたい。

## 野村克也の野球理論について思うこと

2020年2月11日、野村克也が亡くなった。

彼は私と同様、スワローズの監督に就任し、低迷していたチームを日本一に導いたことで「名将」と称えられていた。

戦争で父を亡くし、幼少期には極貧にあえぎ、練習生から這い上がって南海ホークスの正捕手となった。「親分」と称された鶴岡一人監督は、早くから野村の才能を見抜き、リーダーとしての帝王学を伝授していたという。鶴岡さんへの反発心を抱きながら野村は成長し、やがて球界を代表する名捕手となった。

南海時代には選手兼任監督も務めた。さらに現役引退後にはスワローズを皮切りに、阪神タイガース、そして東北楽天ゴールデンイーグルスで指揮を執った。

　野村の野球理論は間違っていない。

「野球とは頭のスポーツである」という彼の主張も納得できる。それでも、私が首肯できないのは、彼は「理論がすべてだ」と考えていたフシが見受けられることだ。頭がよくて勝てるのならば、東京六大学において、常に東大が圧勝しているはずだ。

　いくら理論が優れていても、それを実践する技術がなければ、すべてが机上の空論でしかない。野村の下でプレーした選手が、かつてこんなことを言っていた。

「野村さんが語る打者心理、投手心理は、誰もが漠然と感じていることをきちんと言葉で表現している点がすごい」

　そして、その後にこう続けた。

「……ただ、野村さんは技術を教えることは苦手でした。『わざわざ教えなくても、プロに入る時点でこの程度のことはできて当たり前だ』と考えていたからです」

　野村が本当にそう考えていたのか、それとも技術を教える能力がなかったのかはわからない。しかし、この点に関しては私とは決定的に意見が異なる。

私はかねがね「技術は弁説では教えることができない」と考えている。だからこそ、コーチ時代はもちろん、監督となってからも実際にグラブを持って動けるようなコンディション作りに励んでいたのだ。

監督退任後、ひざを交えて野村と野球談義を交わしたことはない。生前に膨大な著作を残しているように、彼もまた「言葉の人」であり、常に「野球とは何か？」を考え続けた男だった。

1度、ゆっくり話してみたかったが、今となってはそれも叶わない。

## 誰からも愛された「関根のお父さん」

野村克也の後を追うように、2020年4月9日、関根潤三さんが亡くなられた。

現役時代、関根さんが近鉄バファローズからジャイアンツに移籍してきた1965年の1年間一緒にプレーをした。さらに、ともに現役を辞した後、1970年には根本陸夫監督の下で関根さんが打撃コーチ、私が守備コーチとして、ともに広島東洋カープの一員として戦った。

この間、関根さんは山本浩司（現・浩二）、衣笠祥雄、水谷実雄、三村敏之らを徹底的に鍛え上げ、彼らが主軸となった1975年のカープ初優勝を導いた。

監督としては1982～1984年に横浜大洋ホエールズ、そして1987年からの3年間はスワローズの監督を務めた。偶然にも、私も、野村も、そして関根さんもスワローズにお世話になったのである。

監督としての関根さんは、決して「名将」と呼べる成績を残すことはできなかった。私は「プロである以上、絶対に勝たなければいけない」という信念を持っている。同時に、「いい人では勝てない」とも思っている。

だから、徹底的に選手をしごきあげ、そして反発を食らい、憎まれもした。しかし、関根さんはすべての面において、私とは正反対だった。

朴訥《ぼくとつ》とした人柄で選手たちから慕われ、ホエールズでも、スワローズでも、チーム内はいつも明るいムードだったという。

しかし、関根さんはいい人すぎた。

大先輩にこんなことを言うのは大変失礼だけれど、関根さんは決して「勝てる監督」ではない。けれども、「育てる監督」としては超一流である。

ホエールズ時代、ベテランの基満男《もとい》の代わりに、期待の若手だった高木豊を辛抱強く使い続けたこともそうだ。スワローズ時代は、どんなに三振しようとも、池山隆寛、広沢克己（現・広澤克実）を我慢強く起用して、後の野村監督時代を支える立役者に成長させた。

私ならば、「何やってんだ！」と怒鳴り飛ばしていたことだろう。もしもそんな指導をしていたら、はたして池山はあれほどのバッターになっていただろうか？　到底、私には真似のできないことを関根さんは実践していた。

ジャイアンツ時代も、カープ時代も、私は親しみを込めて「関根のお父さん」と呼んでいた。関根さんは本当に選手を育てることが好きな人だった。

チームとしての結果を残すことはできなかったが、彼の遺した選手たちはいずれも大輪の花を咲かせた。

関根のお父さんもまた立派な指導者だった。

## 監督はマウンドへ足を運べ、ベンチに座るな

最近の野球を見ていて、いつも不思議に感じていることがある。

試合途中の投手交代の際に、いつの頃からかはわからないけれど、監督ではなく投手コーチがマウンドに行くようになった。さらに最近では、投手コーチ自らタオルを持参して、まるで赤ん坊の面倒を見るように、投手の汗を拭くような真似事まで行われるようになった。

私はこの光景を見るたびに「どうして監督自らマウンドに行かないのだろう？」と不思議な思いでいっぱいになる。

特にピンチを迎えて「ここぞ」という場面では、絶対に監督がマウンドまで足を運んで、投手にひと言、声をかけてやった方がいい。

基本的に投手というのは自分本位でお山の大将である。

しかし、その個性は千差万別だ。例えば、スワローズのエース・松岡弘と、ライオ

ンズのエース・東尾修は、いずれもローテーションの中心であり、他の投手の範となるべき実績を誇っていた。

それでも、ピンチの場面でマウンドに行くと、松岡の場合は「絶対に1点も与えたくない」と、より繊細に、普段よりもさらに神経質になっていた。

私の現役最終年にジャイアンツに入団した堀内恒夫も、松岡と同様のタイプだった。「悪太郎」と呼ばれ、高校を卒業したばかりとは思えないほどふてぶてしいピッチングを披露していたけれど、ピンチを迎えてマウンドまで声をかけに行くと、「絶対に打たせない」という、並々ならぬ気負いが感じられた。

一方の東尾の場合は、「わざわざマウンドまで来るなよ」と、明らかにイラ立ちながら「1点や2点与えたって、勝てばいいんだろ」と開き直る度胸を持っていた。

同じ「エース」という称号を持ちながらも、投手によって性格も考え方もまったく異なるものなのだ。

指導者にとって、選手の個性を把握することはとても重要だ。野球は投手力が70パーセント以上を占める。監督にとって、個々の投手の性格を理解するためにも、もっと積極的にマウンドに足を運ぶべきだ。

私は、自らマウンドに行くことで投手心理の機微を学んだ。監督として多くの学びを得る好機をみすみす逃すのはもったいない。

さらに私が気になっているのは、最近の監督は常にベンチの奥で座っていることだ。さすがに自軍の攻撃時には立って戦況を見守っているけれど、守備のときにはたとえピンチであろうと、ベンチに座ったままじっと腕を組んでいることが多い。

監督が動揺して右往左往しているよりは、ベンチの奥にデンと座って泰然自若でいる方がずっといい。けれども、だからと言って常に座っていていいわけではない。サインを出すのも、マウンドに行くのもコーチ任せで、それでいいのか？

監督とは、試合におけるすべての責任と権限を持つ。監督の言葉、表情、態度は選手たちにとって、多大な影響力を持つ。

だからこそ、全責任を持って試合に臨んでほしい。スワローズ時代も、ライオンズ時代も、私は試合中にじっとしていたことはなかった。

## リーダーは常に先頭に立って、敵に立ち向かえ

監督という立場にある者は感情を表には出さず、常に冷静であるべきなのか？　それとも、感情表現を爆発させ、喜怒哀楽を全身で表現しながら夢中になって指揮を執る方がいいのか？　具体的に言えば、前者が川上哲治さんや私のスタイルであり、後者が長嶋茂雄や星野仙一ということになるだろう。

私自身はもちろん、「いちいち一喜一憂などせずに常に冷静であるべき」と考えていたので、自然とああしたスタイルとなったのだ。

かつて、田淵幸一が主人公となった『がんばれ!! タブチくん!!』（いしいひさいち／双葉社）というマンガがあった。後に映画化され、かなりヒットしたという。この作品には、スワローズ監督時代の私も登場する。メガネの奥の瞳は省略され、いつも無表情で淡々としゃべり、常に選手を厳しく監視している……。そんな描かれ方だった（苦笑）。

このマンガの影響なのかどうかはわからないけれど、世間では私のことを、よく言えば「クール、冷静」、悪く言えば「冷たい、冷酷」と思っているようだ。

最近、スワローズ時代の教え子である八重樫幸雄が「ヤクルト時代の広岡さんは1度も笑ったことがなかった」と発言している記事を目にした。バカなことを言わないでほしい、私だって笑うことぐらいある(笑)。

常に感情を押し殺し、平静を保っていたのは私自身の性格的な特徴でもあるけれど、やはり試合中に白い歯をこぼす余裕がなかったというのが正直なところだ。

頭の中は常に先の展開を見据えている。勝負事というものは、相手よりも後手に回り、気後れした方が負ける。「氣」の勝負なのだ。

試合前にはコーチたちと積極的に意見交換をしてアドバイスを仰ぎつつ、試合となればすべての責任を背負って相手チームと対峙する。それが監督の役割である。いちいち笑ったり、怒ったりする余裕などない。

闘志をむき出しにした「闘将」と呼ばれた監督がいる。前述した星野仙一がその代表格だが、西本幸雄さんや上田利治もそうだったし、江藤慎一も殺気をみなぎらせながら戦いに臨んでいた。

しかし、「闘将」とは単に外見上の様子だけを指すものではない。私自身も、「常に先頭に立って闘おう」という意思で采配を振るっていた。こんな形の「闘将」もあるのだ。

監督は常に先頭に立って動け。選手たちはその背中を見ている。

チームを戦う集団に変えるためには、まずは監督自ら闘う姿勢を見せなければならない。繰り返しになるが、常に涼しい顔をしながら内心ではメラメラと闘志を燃やす。そんな闘志もあるのだ。

## 死に物狂いで「1点を大切にする野球」を

長嶋茂雄監督時代も、原辰徳監督時代も、ジャイアンツ打線はとにかくホームラン頼みで「一気に大量得点を」という作戦が目立っていた。そのために、チーム編成も一発が期待できる長距離砲をズラリと並べることになり、勝つときは大量得点で圧勝するけれど、ちょっとでも格上の投手が好投するときには手も足も出ないという野球を続けていた。

そして、これは何もジャイアンツだけに限ったことではなく、多くのチームで見られる傾向となっている。

いずれにしても、こうしたスタイルの野球は、私から言わせれば「ラクして勝ちたい」という身勝手な怠慢にしか見えない。

ファンにとっては、豪快な一発でひいきチームが勝てばストレス解消になるだろう。しかし、長いペナントレースを勝ち抜いていく上では決して得策ではない。

やはり、常に愚直に「1点を大切にする野球」こそ、大切なのだ。

近年、トラックマンやホークアイなど、最新鋭の計測機器によって、野球が可視化されるようになった。少し前にはセイバーメトリクスが話題となって、「これまでの定石」を再検討する傾向も強まっている。

こうした風潮の中で、バントが軽んじられているように思えてならない。

セイバーメトリクスでは、無条件で相手にアウトを与えることになるバントに対して懐疑的だという。なるほど、3アウトで攻撃が終わってしまうのに、むざむざと1アウトを献上するのはバカバカしいことかもしれない。

しかし、バントはただ単に走者を進めるためだけのものではない。もちろん、主たる目的は走者を得点圏に進めて、得点の確率を高めることにある。ところが、野球とは奥の深いスポーツだ。

バントには芯に当てるバントと、あえて芯を外して行うバントの2種類がある。打球を殺して犠牲バントを行うのならば芯を外せばいい。

一方で、一塁手と三塁手が激しいチャージをかけてくるようなケースでは、投球をバットの芯に当てて強い打球を投手の足元に転がせばいい。いわゆる「プッシュバント」と呼ばれるものである。センター返しをする感覚で投手の足元を狙って、相手守備陣形を攪乱《かくらん》するのだ。

古い野球ファンの方は、1982年のプレーオフでライオンズ打線が、日本ハムファイターズのリリーフエースだった江夏豊に対して、執拗なプッシュバント攻撃を仕掛けたことをご記憶しているだろう。

これは一例に過ぎないが、バスターにしても、進塁打にしても、ヒットエンドランにしても、野球というスポーツの奥深さは、「1点を奪うために、さまざまな方法がある」ということにある。

都合よくヒットが続くはずはない。ましてや、走者が溜まった場面で簡単にホームランが飛び出す可能性は少ない。

だからこそ、「1点を取る野球」が大切になるのだ。

私が監督を務めていた頃、そしてそれを引き継いだ森祇晶監督時代、ライオンズが黄金時代を築くことができたのは、「1点を大切にする野球」を徹底したからだ。今の時代だからこそ、野球の原点に立ち返った采配を期待する。

## 指導者が本気にならなくてどうする?

自身の監督生活を振り返ってみたとき、1つだけ自信を持って断言できることがある。それは、「私は常に本気だった」ということだ。

選手たちはみな人並み外れた努力をして、厳しい競争を勝ち抜いてプロ野球の世界に飛び込んできた。誰もがスカウトの眼鏡にかなってプロの世界に招かれたのだ。どんな選手にも潜在能力があり、未知なる可能性を秘めている。

しかし、なかなか結果が出ない選手もいる。そうした選手に対して、適切な教育を施すことが指導者の役割である。せっかくの能力を飼い殺しにしてはいけない。プロ野球の本来のあり方、プロ野球選手としての本当の喜びを味わえぬまま、ひっそりとユニフォームを脱ぐことはしてほしくない。

そのために、監督自ら真摯な態度で野球と向き合い、真剣に選手たちと対峙しなければならない。だから、私は常に本気だったのだ。

私のやり方は、しばしば「管理野球」と称された。

門限を厳格化し、オフシーズンのゴルフも禁止した。麻雀に花札、飲酒やタバコはもちろん、ユニフォーム姿での私語を禁じ、普段の食生活までチェックした。

今のご時世では、これもパワハラと断じられるのだろう。

指導、教育において、最も大切なのは「本気かどうか？」ということだ。「監督と選手」という立場の繋がりができた以上、私は人の縁を大切にしたい。

練習前のランニングでも、私は選手たちと一緒に走った。ノックでは自らゴロを処理し、手本を見せられるように鍛錬を続けた。

監督が率先して動いていれば、選手としても絶対に手は抜けない。選手と一緒に行動していれば、さまざまな気づきがもたらされる。日頃の練習態度やあいさつの仕方を見ていれば、その人物の人間性や性格も見えてくる。

こうしたすべてのことが、指導に役立つのである。

私には、「すべての選手は必ず伸びる」という信念がある。

無理矢理、そのように思い込もうとしているのではない。心からそう信じているのだ。宗教的な話に聞こえるかもしれないが、人は誰でも天から与えられた役割を持っている。誰一人として同じ人間がいないということは、それぞれが持つ役割もまた異なるということだ。

監督に必要なのは、その選手が持つ役割、そして能力を見極めた上で、それを伸ばす手助けをすることだ。全員が全員、チームの中心選手ではない。主力選手がいる一方で、彼らを支える脇役選手もいる。

あるいは、若い頃にはチームの看板選手としてバリバリ活躍していた者も、加齢とともにフィジカルが衰え、それまでのような活躍ができなくなることもある。それでも、チームの精神的支柱として、なくてはならない存在として、監督にとってはとても頼りになるケースもある。

もちろん、運悪く結果を残せない選手もいる。あるいは、かつての能力が失われ、チームに居場所をなくす選手もいる。

使い物にならないから、さっさと見切りをつける——。

指導者である以上、そんな考えは絶対に持ってはいけない。

選手は人間である。決して、消耗品ではないのだ。それでも見切りをつけなければならないときもある。

そういうときこそ、指導者は覚悟を持って引導を渡さなければならない。まさに

「泣いて馬謖《ばしょく》を斬る」の心境だ。監督には、他人の人生を左右する影響力がある。それだけ責任重大な立場なのである。

上に立つ者は、常にそのことを忘れてはいけない。

終章

# 92歳となった今、思うこと

あなたが何かについて「成功したい」と願うならば、答えは簡単だ。

「正しいことを、正しい方法でやればいい」

たったこれだけのことなのだ。


本書では「名将とは何か?」「勝てる監督とはどんな監督か?」ということをテーマに、さまざまな角度から私の体験したこと、考えてきたことを述べてきたが、結局は「正しいことを、正しい方法でやればいい」ということに尽きる。そしてこの考え方は、何も野球だけに限らず、人生全般についても言えるのである。

もちろん、頭で理解していても、それは簡単なことではない。そもそも「正しいこととは何か?」ということを常に突き詰めて考えていなければならないし、さらに「では、正しい方法とは何か?」という問題も生まれてくる。

自分では「これが正解だ」と思っていても、実はそれは誤った考え方であり、見当違いな努力をしていることもあるかもしれない。いくらやっても、なかなか結果が伴わないこともあるかもしれない。

そんなときは、改めて原点に戻って「何が間違っているのか？」と足元を見つめ直す必要があるだろう。本書で繰り返し述べてきたのは、まさにこうした思考法であり、実践法である。

現在の野球界は問題だらけだ。

例えば、複数年契約は人間を堕落させる制度である。

FA制度が導入されたことで、各球団によるマネー戦争が始まった。さらにポスティングシステムによって、日本国内だけでなく、アメリカも含めた獲得競争が繰り広げられることになった。選手にとっては「少しでも自分を高く売りたい」「自分のことを最大限に評価してくれるチームに入団したい」と考えるのは当然のことである。

しかし、若いうちから「金がすべてだ」という考えに支配されるのでは情けない。活躍した結果、気がつけば大金を手にしているというのが理想ではないか。野球選手はファンのためにプレーするのが筋だ。ファンがチケットを買ってくれるからこそ、私たちは野球ができるのである。

世のため、人のために働き、周囲を幸せにすること。これこそ、人間が生まれてきた理由であり、人が生きるということだ。今の私にできることは、本書で縷々《るる》述べてきたように、「少しでも野球界のために」と願い、自分の経験を伝えることだと信じている。耳の痛いことばかり言っていると思われていることだろう。

それだけ問題が多いから、いちいち指摘するしかないのだ。

複数年契約に話を戻すと、選手に大金を支払うことによって球団経営が圧迫されてしまっては本末転倒だ。

次々と選手が流出してしまう現在の監督は大変だろう。本文中でも触れたが、オリックス・バファローズの中嶋聡は吉田正尚、山本由伸と2年続けて投打の主軸が海外移籍を果たした中で、苦労しながらも頑張っていると言えるだろう。

もしも私が、令和期の監督だったらどうするだろうか?

答えは決まっている。

「このチームを出たければ出ればいい。その代わり、若くて有望な新しいスター選手を育て上げてみせる」

胸を張って、そう答えるだろう。決して強がりでもハッタリでもない。チーム内の新陳代謝が進むことで、次々と若手選手にチャンスが巡ってくる。そうすれば「今度はオレの出番だ」と選手たちのモチベーションも高まるだろう。

ヤル気のある若者がいれば、あとは指導者の腕次第だ。自分に自信がある指導者にとっては、今ほどやりがいのある時代はないだろう。残念ながら、私はすでに90代を迎え、現場に立つ体力は残っていない。

けれども、もしも身体が丈夫で、まだ手本を見せることができるのならば、私は一軍監督として勝負の最前線に立つよりは、三軍監督として若者とともに泥にまみれる指導者となりたい。実際に手本を見せながら、正しい技術を伝授したい。そんな思いが強くあるが、現実的にはそれは不可能である。

だからこそ、今ユニフォームを着て現場に立っている監督、コーチには、自分に与えられた役割に感謝をしつつ、「正しい野球」の伝道師となってほしいと心から願っているのだ。

2024年、私の古巣である読売ジャイアンツは創立90周年を迎えた。

この間、ジャイアンツに限らず、さまざまな選手が技術を磨いてきた。彼らは、野球界における貴重な財産である。八木沢荘六が理事長を務める日本プロ野球OBクラブには、1000名以上のOBが所属している。彼らは定期的に全国各地で少年野球教室を開催しているが、少年野球だけでなく、プロ野球の世界においても、OBクラブをもっと活用して、貪欲な知識の吸収に励むべきだと、私は考えている。

年寄りの経験と知恵を、若い世代にはもっと活用してほしいと願う。

序章でも述べたように、もはや私はグラウンドに足を運ぶことができなくなった。それでも、テレビ中継、スポーツ新聞を通じて、毎日野球と接している。

92歳になっても、まだまだ勉強の連続である。この年になっても、まだまだわからないことだらけだ。野球は難しい。けれども、だからこそ野球は楽しい。

野球とともにここまで歩んできた。これから先、あと何年の寿命が残されているのかはわからない。

それでも、これからも野球とともに生きていくことだろう。

野球に出会えてよかった。監督として、多くの選手と喜びも苦しみも分かち合えたことを誇りに思う。ヤクルトスワローズでも、西武ライオンズでも、いい選手に恵まれて、監督冥利に尽きる時間を過ごすことができた。

思えば、とても幸せな人生だった。

改めて野球に感謝したい。そして、これからも野球とともに生きていきたい。人生は死ぬまで勉強である。私は、まだまだ勉強をやめるつもりはない――。

2024年3月

広岡達朗

**広岡達朗**（ひろおか・たつろう）

1932（昭和7）年2月9日生まれ、広島県出身。呉三津田高校、早稲田大学を経て54年に巨人入団。1年目から遊撃の定位置を確保し、新人王とベストナインに選ばれる。堅実な守備で一時代を築き、長嶋茂雄との三遊間は球界屈指と呼ばれた。66年に現役引退。通算1327試合、1081安打、117本塁打、465打点、打率2割4分。右投げ右打ち。引退後は巨人、広島でコーチを務め、76年シーズン中にヤクルトのコーチから監督へ昇格。78年に初のリーグ優勝、日本一に導く。82年から西武の監督を務め、4年間で3度のリーグ優勝、2度の日本一に導く。退団後はロッテのGMなどを務めた。正力賞を78年、82年と2度受賞。92年殿堂入り。著書に『最後の名将論』（SB新書）などがある。

**構成・取材・文／長谷川晶一**

編集／宮下雅子（宝島社）、大竹崇文

カバー・本文デザイン／池上幸一

DTP／山本秀一・山本深雪（G-cref）

【写真】
p021　写真：報知新聞/アフロ
p053　写真：報知新聞/アフロ
p109　時事
p129　時事
p149　時事
p181　写真：アフロ
p205　写真：報知新聞/アフロ